孩子打人、撒谎、胆小、顶嘴……

搞定难搞的孩子

Tricky kids

孙玉梅◎著

北京理工大学出版社
BEIJING INSTITUTE OF TECHNOLOGY PRESS

图书在版编目（CIP）数据

搞定难搞的孩子 / 孙玉梅著. —北京：北京理工大学出版社，2012.1
（2021.3重印）

ISBN 978-7-5640-5260-7

Ⅰ.①搞… Ⅱ.①孙… Ⅲ.①家庭教育–通俗读物 Ⅳ.①G78–49

中国版本图书馆CIP数据核字（2011）第223751号

出版发行 /	北京理工大学出版社有限责任公司	
社　　址 /	北京市海淀区中关村南大街 5 号	
邮　　编 /	100081	
电　　话 /	(010) 68914775（总编室）	
	(010) 82562903（教材售后服务热线）	
	(010) 68948351（其他图书服务热线）	
网　　址 /	http://www.bitpress.com.cn	
经　　销 /	全国各地新华书店	
印　　刷 /	三河市金泰源印务有限公司	
开　　本 /	700 毫米 × 1000 毫米　　1/16	
印　　张 /	16	
字　　数 /	220千字	
版　　次 /	2012 年 1 月第 1 版　2021 年 3 月第 2 次印刷	责任校对 / 陈玉梅
定　　价 /	48.00元	责任印制 / 边心超

前　言

在千呼万盼中，宝宝终于降临到了这个世界上，他粉嫩的小脸、可爱的笑容，带给父母们的不只是成就感，还有难以言喻的幸福与甜美。然而，随着宝宝的成长，年轻的父母们发现，曾经的小天使逐渐变成了"小魔怪"：孩子越来越调皮，越来越淘气，越来越不听话，甚至有很多坏毛病！这让父母们感到头痛。

孩子都有哪些坏毛病呢？

不同的孩子身上有不同的毛病：如有的孩子老爱与小朋友打架，或者在家里打父母，但一出门就特别胆小、怕事；有的孩子十分小性子、爱哭、接受不了批评，家人一说就哭闹；有的孩子十分任性，自己想做什么就做什么，想要什么就得马上给他，否则就开始哭闹、耍赖、撒泼；有的孩子爱乱摸乱动，你越不让他动危险的东西，如电器开关、刀子等，他偏要做，让父母提心吊胆；有的孩子爱模仿，不管好的坏的，一律现学现卖，于是骂人、口吃等行为就出现了；最让父母最头痛的是，孩子变成了"破坏大王"，不是乱涂乱写就是拆东拆西……

面对孩子的种种问题、毛病，家长们煞费苦心，讲了无数道理，甚至武力威胁，孩子还是一切照旧，甚至问题越来越多、毛病越来越重。

面对难搞的孩子，家长应该怎么做呢？其实，孩子的成长有规律可循，有些"毛病"其实是孩子长大了的表现，不能一味打压、否定。聪明的父母应该先了解孩子种种问题背后的深层原因，再有针对性地采取措施加以纠正。

有什么方法能帮父母搞定难搞的孩子呢？又如何去掌握一些正确的教养技巧与方法呢？相信很多的年轻父母正为此绞尽脑汁。如果你也苦无良方，来对付调皮、不听话的宝宝，不妨读一下《搞定难搞的孩子》一书。

与传统的教子书相比，本书在体例上进行了创新，不仅以词条的形式开启、创新了教子书的体例，而且本书的语言简洁，所提供的方法更为实用。本书涵盖了3~6岁宝宝最典型的行为问题，并针对这些问题，一一做了深层的心理分析。同时，亦向家长对症下药地提出了一些解决问题的方法。这些方法可行性很强，可以让年轻的80后父母们拿来就用，尽快搞定家中难搞的宝宝。

本书可以说是为年轻的80后父母量身制作的一本早教手册。当然，也适于幼儿老师作为教学上的参考。

你家中有难搞的宝宝吗？如果有的话，不妨读一下这本《搞定难搞的孩子》吧！相信它会带你步入轻松的教子之旅，让你更透彻地了解自己的孩子，了解孩子的内心。有了这些了解，再面对难搞、难缠的宝宝时，你就能有针对性地解决问题，一招将其"摆平"！

目录 CONTENTS

 PART 1　3 岁宝宝

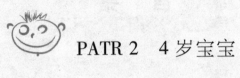

PATR 2　4 岁宝宝

PATR 3　5 岁宝宝

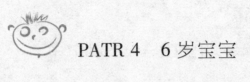

PATR 4　6岁宝宝

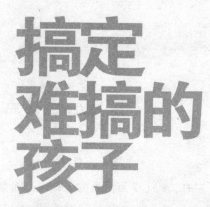

搞定难搞的孩子

PART1 3岁宝宝

3 岁宝宝心理特点与认知发展

3 岁时，到了学习语言的关键时期和器官协调、肌肉发展和对物品发生兴趣的敏感期，是改进动作、时间、空间概念加强的时期，是感觉精确化的敏感期，是学习第二语言的敏感期。

3 岁宝宝更多地表现出：乖巧渴望交友，求知欲强。这时也是孩子性格培养的关键时期，也是吸收性思维和各种感知觉发展的敏感期。他也开始自己思考问题，会不断地提问，尽管他的问题非常幼稚。

这时，顺利度过"难缠的 2 岁"的孩子的父母会非常惊讶，孩子突然变得乖巧懂事了，孩子不再像以前那样到处乱窜、乱扔东西，而是变得安静、亲近家人，显示出让周围人喜欢的成长模样。但有些孩子还在延续 2 岁时的反抗，表现出同以上截然不同的样子。

3 岁宝宝开始对于同伴玩耍非常向往，此时期孩子若缺少玩伴，可能会在心理中制造"想象中的朋友"，面对着房间墙壁或图书好像与人说话似地游戏着，这并不是不正常现象，而是渴求玩伴的心理表征。已经上幼儿园的孩子更容易拥有玩伴，因而，这些孩子也往往比在家时感到快乐。此时家长需要帮助孩子与小朋友平等友爱地玩耍以及更多亲子间交流是培养其社会性的良机。父母要设法带孩子到公园或广场等孩子较多聚集的场所，使他们融入群体之中。

3 岁宝宝由于语言能力的增强，思维的发育，他们更渴望得到说话的乐趣，此时让孩子学第二语言或进行亲子间的交流则十分必要，与孩子玩接龙、猜谜等游戏对孩子也是很大的鼓励，或让孩子看画册，让他看图讲故事，这时是孩子求知与渴望扩大对外界了解的阶段，父母要尽可能给予关爱与指导。

抢不过就打

【释义】

孩子在与同伴玩耍时，因为争抢玩具或物品，而发生的攻击性行为。这种攻击性行为的目的不在伤人，而在争抢的物品。从心理学的角度分析，这种行为为工具性攻击。在1~6岁的孩子身上非常常见，并且多发。

【典型表现】

这种攻击性行为只发生在争抢玩具或食品的过程中，一旦拿到了争抢的目标，孩子就会主动放弃攻击行为。对在争抢的过程中被打哭的一方，"施暴者"往往表现得理直气壮，不会感觉理亏。

【多发情形】

这种行为在某个物品或玩具较少的情况下多发。如果几个孩子一起玩，某个玩具只有一个，孩子们很可能会因为争夺这个玩具而发生抢夺。

在3岁宝宝与和自己年龄相差比较大的孩子一起玩的情况下，这种抢夺也非常常见。比如，3岁宝宝在和1岁宝宝玩的时候，就会抢对方的玩具；而3岁宝宝在与5岁宝宝玩的时候，往往会成为被抢的一方。

【错误成因】

从儿童心理学的角度分析，3岁孩子抢不过就打的行为是一种必然。由于两三岁的儿童正处于自我意识高速发展的阶段，自我意识较强，行事多以自我为中心。凡是自己看到的、喜欢的，就都是自己的。

同时，3岁宝宝的交际能力较差，不知如何与小朋友交往。想玩别人的玩具，又表达不清楚，于是别人不给时，就动手去抢。如果对方反抗，他就会动手打人。

【解决方案】

当父母发现孩子因抢玩具而打玩伴时，可采取以下措施：

（1）立即出面，请双方将争夺的对象交给自己。并且告诉他们争抢不对，打人更不对。只有一个玩具，而大家都想玩时，可以轮流玩。谁先玩可以采用石头剪刀布，或者回答简单问题等方式来公平决定。

（2）教会孩子必要的交际用语，如："我能玩一玩你的小汽车吗?""可以先让我玩一会儿，你再玩吗?"这样既可以让孩子知道如何与小朋友友好相处，又可以让孩子掌握基本的礼貌用语。

（3）教孩子轮流玩的意识，还可以鼓励孩子用自己的玩具与对方换着玩。

（4）如果"暴力事件"已经发生，家长要安慰被打哭的孩子，当着自己孩子的面，代替自己的孩子向对方赔礼道歉，并且和对方玩新的游戏，且不带自己的孩子一起玩。

适度地冷淡做错事的孩子，就可以让孩子明白，打人不对，别人会因此而孤立自己。

（5）妈妈带孩子出去玩时，可带一些玩具或零食。当孩子与小朋友争抢玩具时，可用来转移其注意力，也可让孩子与小朋友交换玩具玩，防止打人的情况发生。

【误区警示】

孩子打人时，父母千万不能这样做：

☆对于"施暴"的3岁宝宝，家长切不可过于严厉地批评他。从孩子的心理成熟度来说，此时他还做不到明确地划分物权，也做不到在生气时控制自己的怒火。

☆在3岁宝宝"施暴"后也让他尝尝被打的滋味而打他一顿。这是非常要不得的。任何时候，暴力惩罚孩子都是错误的。国外对待犯错的孩子，一般采用 Time Out——让犯错的孩子单独待几分钟，不与他说话与交流，也不理会他的话。这种非暴力的惩罚措施，不但能使孩子明白自己做错了事必须接受惩罚，也在独处的过程中反思自己的错误。比暴力的惩罚要好很多。

说不过就打

【释义】

3岁宝宝争强好胜的心理即使从他们的语言上也能窥见一二。3岁孩子在一起时，常常会打嘴架。而在打嘴架时，说话慢、语言表达能力差的孩子往往会因为说不过对方而着急、生气，进而攻击对方。这种攻击性行为，也属于工具性攻击的一种，不是以伤害人为最终目的。家长无须过于担心。

【典型表现】

孩子在与同伴玩耍时，由于对某事的看法不同而发生争论，在争吵的过程中，说不过的一方往往会因为情绪激动而采取攻击对方的方式，逼迫对方认同自己的观点。一旦争论停止，"施暴者"就会主动

放弃攻击行为。

【多发情形】

性格暴躁的孩子，往往更容易因为控制不住自己的怒气而说不过就打。

语言表达能力差、说话慢的孩子也往往会因为在与同伴的争执中占不了上风，而成为"施暴"的一方。

平时被娇惯的孩子，争强好胜的心更胜，所以更容易承受不起对方与自己的意见不同，进而"施暴"。

平时爱打人的孩子，习惯使用暴力，一旦发现对方不认同自己，就习惯性"施暴"。

孩子与比自己年纪大的孩子一

起玩时，因为语言表达能力较之于对方差了很多，经常在打嘴架时占不了上风，此时就会因为着急而"施暴"。

【错误成因】

从成长心理学的角度看，3岁宝宝一个非常显著的心理特征就是争强好胜。3岁宝宝的自我意识很强，凡事都以我为主，我的想法、我的意见就是最正确的，凡不符合我的想法与意见的，都要对方认可和服从。此时孩子争抢"第一""最棒"的行为，是符合他的年龄特点的，是正常的。

但是，即使3岁宝宝争强好胜的行为是正常的，家长也要引导孩子看到别人的不同，看到别人的优点；引导孩子认同别人好的方面，借鉴别人好的建议。这是多元思维的萌芽，可以避免"非此即彼"的一元思维的缺陷。

但是生活中很多家长，往往会有意无意地加强宝宝的争强好胜心。比如经常夸奖孩子"最棒"，甚至还贬低别的孩子"都不棒""都不聪明""都笨"。这种教育方式，会更加增强孩子的好胜心理，从而出现说不过就打的行为。

而家长疏于提高孩子的语言表达能力，也会使得孩子在与同伴正常交往的过程中，经常处于下风，从而导致"暴力事件"发生。

【解决方案】

对待说不过就打的孩子，家长可以这样做：

（1）对于正在打嘴架的孩子，家长可以使用转移法，将孩子的注意力从打嘴架上转移到别的事情上去。比如可以请孩子们帮忙一起收拾他们不玩的玩具，或者和孩子们开始一项新的游戏。转移注意力法对于3岁的宝宝很有效果，家长尽可以在宝宝"不乖"的时候采用。

（2）如果发现孩子正在"施暴"，可采用身体约束法。紧紧抓住孩子打人的手，将他带离游戏现场，并告诉他打人是不对的，并且让孩子单独待一会，以利于孩子平复自己的情绪。

（3）对于孩子行为的校正，不是一两天就能见到成效的。家长可以采取"奖励对的行为，冷淡错的行为"这一原则，同时兼顾到3岁宝宝正常的好胜心理，对他的行为进行矫正。比如多准备一些贴画或者印章，孩子有了对的行为时，就奖励给孩子一张贴画。比如在与同伴玩时没有打架，也没有发生争执，就可以获得奖励。这样就可以强化孩子正面的行为，使孩子保持这种

正面的行为。

（4）对于语言表达能力差的孩子，家长要多给孩子锻炼的机会。平时与孩子多交流，让孩子多参与到家人对于问题的讨论中来，还可以创造机会和孩子共同讨论某件事或者某个动画人物，等等。这样不但可以提高孩子的语言表达能力，还能让孩子体会争论、辩论的过程，让孩子明白辩论是不能动武的，即使对方不同意自己的意见，也不能以武力相威胁。

【误区警示】

孩子说不过就打时，父母千万不能这样做：

☆讥讽孩子打嘴架的行为。尽管孩子打嘴架的行为在成人看来很幼稚，但是在一个3岁孩子看来，这却是事关自己自尊心的行为。成长心理学也认为，这种嘴上功夫对于树立孩子的自尊心、自信心很有好处。所以，对于孩子的嘴架，父母适当引导即可，只要保证不出现"暴力事件"，让孩子们斗斗嘴，没有什么坏处。

窝里横

【释义】

窝里横是一种专门以家里人为对象的攻击性行为。"施暴"的孩子在外人面前表现得非常乖、听话、有服从性，但在家人面前却完全是另一副面孔：有攻击性、拒绝服从、不能接受建议、稍不顺心就对家人拳打脚踢。这种攻击行为的目的在于发泄不良情绪，或要挟家人达到自己的目的，也属于工具性攻击行为。

【典型表现】

很多孩子在家是"大老虎"，在外是"小绵羊"。在家里经常"张牙舞爪"，对家人拳打脚踢。但在幼儿园或者别人家里，远离了熟悉的环境，孩子就变成了"小绵羊"，甚至不敢维护自己合理的利益。比如，在幼儿园里，同伴抢他的玩具或物品时，不敢反抗。这种孩子就是典型的窝里横。

【多发情形】

当孩子有急躁、焦虑、愤怒、委屈等情绪时，往往会找自己最信赖、最包容自己的人，发泄出来。这个发泄的过程就是窝里横的过程。

孩子的窝里横行为往往只针对最溺爱自己的人。而有权威感的爸爸，则很少成为孩子"施暴"的对象。

【错误成因】

相对于孩子其他的攻击性行为来说，窝里横的成因更加复杂。

首先是家人的过度保护和溺爱。

溺爱孩子，一方面导致孩子在家里自私、霸道；另一方面又导致孩子在外面自我力量不足——不敢维护自己的利益，受到了伤害不敢反抗或求助，从而使孩子成为窝里横。

其次，家人没有给孩子树立权威的形象。很多家长对于孩子的关心只限于吃饱穿暖，而对孩子心理与情感的需求不加理会。长此以往，孩子就难以对家人产生权威的印象。3岁宝宝正处于树立自尊心与自信心的时期。孩子对家长不权威的印象，直接导致孩子自尊心与自信心缺乏，在外面感到自卑。而这种自卑在孩子与家人相处时，就会发泄出来，从而成为"窝里横宝宝"。

再次，环境的影响。3岁宝宝对于环境的影响更加敏感，尽管这种敏感仍然表现为模仿，但这种模仿对孩子的行为影响很大。如果家长在家总以简单粗暴的方式对待孩子，孩子也会用简单粗暴的方式来对待父母。而在幼儿园或与同伴玩耍时，老师和同伴都很有礼貌，孩子也会因为模仿或者想要获得老师或同伴的表扬而表现得有礼貌（有时甚至是过分的礼貌）。

最后，安全感不足所致。有些孩子因为安全感不足，在家人面前往往表现得"有恃无恐"，而在陌生的环境中，会感到拘谨不安，对

于自己的利益不敢去保护。

【解决方案】

孩子窝里横，家长可从以下几个方面引导：

（1）树立正面、饱满、权威的家长形象。和孩子进行深层次的、正面的沟通和交流，可以使孩子尊重家长。家人的权威感会有效减少孩子对家人"施暴"。

（2）孩子对家人"施暴"后，家人要夸张地表达自己的痛苦，并冷落孩子几分钟。夸张地表达自己的痛苦可以唤起孩子的同理心，使他意识到自己的行为伤害了别人。冷落可以加强孩子的内疚心理，促使孩子反思。

（3）当孩子有不良情绪时，家长可引导孩子用合理的方式发泄出来，而不是通过打人。

（4）针对安全感不足的孩子，家长可以让孩子带一件自己熟悉的用品或者玩具去陌生的环境，比如幼儿园，让孩子感到安全。同时教会孩子必要的交往语言，告诉孩子不管有什么问题都可以和老师说，教会孩子自保。

【误区警示】

孩子窝里横，父母千万不要这样做：

☆当孩子无意识地拍打父母的

脸，父母觉得很好玩，不对孩子的行为加以制止。这样做，会让孩子觉得父母在鼓励自己，或认为这种不良行为是正确的。时间长了，孩子就会形成打人的习惯。

☆孩子在外感到不安、不敢维护自己利益的时候，父母不要批评指责孩子，那样只会加重孩子的不安。要接纳孩子，鼓励孩子，给孩子适应陌生环境的时间。

咬　人

【释义】

咬人是一种非常极端的攻击性行为。比起打人来说，咬人往往表达了孩子更加强烈的愤怒、紧张或兴奋。虽然咬人造成的伤害更大，但这仍然是一种工具性攻击行为，其目的在于发泄不良情绪、引人注意或寻求安全感。

3岁宝宝控制自我情绪的能力很差，所以这种行为发生的概率极高。

【典型表现】

因争抢玩具而咬同伴。

在感到愤怒、委屈，或者情绪过于兴奋时，而咬父母。

【多发情形】

咬人是3岁宝宝非常喜欢用的一种发泄情绪的手段。所以，在与同伴争抢的过程中，很可能会因为极度气愤而咬人；在与家人相处的过程中，很可能会因为过于兴奋、想引起家人的注意或者想要自我放松而咬人。

【错误成因】

尽管对于3岁宝宝来说，咬人是正常现象，但我们不得不注意到，咬人这种行为只在一部分孩子身上出现，而另一些孩子已经学会了用恰当的方式发泄自己的情绪，因而很少咬人。尽管这种行为很普遍，但在一些孩子身上更加突出。除了孩子自身的性格气质因素以外，与家长的教育也不无关系。

首先，有些家长怕孩子在与同

伴相处时吃亏，就教孩子别人抢你东西可以打，打不过可以咬。几次之后，孩子就"掌握"了这个"制伏"同伴的方法，一发生争执就咬人。

还有些时候，家长因为忙于自己的事情，对孩子不闻不问。孩子想吸引家长的注意，只好用这种粗暴的办法。

此外，性格暴躁的孩子、平时被娇惯的孩子，也更容易出现咬人的行为。

【解决方案】

孩子爱咬人，家长可从以下几个方面去引导：

（1）给孩子正确的情绪发泄示范。3岁宝宝咬人是因为没有掌握正确的发泄情绪的方法，所以家长就要示范给孩子。家长可以指定家中的某个特定区域为"发泄区"，可以在这个区域里摆放一些可供击打、撕咬的物品，比如玩偶、废旧报纸等。家长可有意示范给孩子，感到生气、委屈或者兴奋时，可以去发泄区发泄。

（2）发现孩子要咬人，可用手捂住孩子的嘴巴。不要太用力，轻轻地拍打孩子嘴巴，让孩子发出"哇哇"的声音。这样，就可转移孩子的注意力，避免孩子的咬人行为发生。

（3）孩子咬了自己之后，家长可以夸大自己的疼痛，还可以偷偷用红笔勾画一个伤口，告诉孩子你咬伤我了，我非常难过。这样可以唤起孩子的同理心。用大声呻吟等方式夸大孩子错误行为的结果，可以帮助孩子意识到自己的错误，强化他的记忆，从而吸取教训，主动改正。

【误区警示】

对爱咬人的孩子，父母切不可这样做：

☆说"再咬人就把你的嘴缝上"，并做出缝的动作。

3岁正是孩子自尊心最强的时候，这样的语言无疑会损伤孩子的自尊心，对孩子的成长不利。甚至对孩子产生负强化，加剧孩子的咬人行为。

自 虐

【释义】

有些孩子在遇到强烈刺激，或有不良情绪时，会通过伤害自己的方式来发泄情绪，比如击打自己、骂自己、惩罚自己蹲在角落不准自由活动等，这种行为就是自虐。自虐也是一种工具性攻击行为，只是攻击的对象变成了自己。这种行为在3岁宝宝身上较常见。

【典型表现】

当孩子做一件事情总做不好的时候，就会因为着急、懊恼而惩罚自己。比如想擦掉不小心画到腿上的笔迹，总也擦不掉，孩子就会因此而抓挠、拍打自己的腿。

【多发情形】

孩子情绪不稳定时，自虐行为较多发。比如很多刚刚上幼儿园的孩子，在出门前总穿不好鞋子，如果妈妈又在一旁催促的话，孩子就会因为去幼儿园的紧张、对自己行为的不满以及因家长的催促而产生的焦急而爆发，击打自己、埋怨自己做不好事情。

孩子遭受批评之后，也较易出现自虐行为。孩子做了错事，家长批评了孩子之后，孩子很可能会因为对自己的不满而惩罚自己。

【错误成因】

孩子的自虐行为的产生有多种原因：

（1）情绪宣泄不当。孩子心中有了不良情绪，但又找不到合理的发泄渠道，就可能将自己当做发泄的对象，通过攻击自己来平复情绪。

（2）父母的过多指责。很多家长对孩子要求过高，一旦孩子做不到或做错了，家长就横加指责。生活在这样的环境下，孩子往往不自信，甚至厌恶自己。一旦做错了事情，就主动惩罚自己。

（3）性格暴躁。3岁的孩子，最不能经受批评或者失败。即使是很小的事情失败了，对他们来说都是巨大的打击。这时，那些性格暴躁的孩子，往往会因此而惩罚自己。

【解决方案】

对孩子的自虐行为，父母可采取下列方法引导：

（1）发现孩子自虐，家长可抱抱孩子，鼓励他，安慰他。父母的身体接触可以缓解孩子的不良情绪，对于平复孩子的情绪很有好处。

（2）多鼓励孩子。3岁正是孩子自尊心最敏感、对自己要求最严的时候，这个时候要多给孩子鼓励。孩子做错了事情，要表扬他做对的部分，指导他做错的部分。这样孩子就会以轻松的心态面对失败。

（3）针对他自虐的特点，给他些保护。如果孩子生气时习惯咬手指，父母可拿个奶嘴放到孩子手里，握着他的小手往嘴里送，这样，时间长了，孩子就会形成一种习惯：一生气就拿奶嘴塞到嘴里。如果孩子因生

气而习惯撞门时，父母可做一些防护，比如，在孩子能够得着的地方加一个靠垫，避免孩子受到伤害。

（4）如果父母发现孩子有自虐倾向，可给孩子准备一些耐打的玩具，比如布娃娃。每当孩子生气要打自己时，父母可让孩子打娃娃出气。

【误区警示】

对待孩子的自虐行为，以下两种态度是错误的：

☆发现孩子有自虐倾向，马上满足孩子的要求。

虽然很多父母这样做，但这种方法是不可取的。因为这样做，会给孩子一个暗示：只要伤害自己，就能得到自己想要的。这种暗示无疑会助长孩子的自虐行为。

☆对孩子自虐的行为冷处理，听之任之。

冷处理的确是一种很好用的方法，但是，对待孩子的自虐行为，冷处理是不恰当的。3岁宝宝的自虐行为，多是因为受到打击或遭受挫折，此时，他们对于自己是不认同的。这个时候，家长冷处理的话，会使宝宝加重这种对自己的不认同。这无疑对宝宝的成长是不利的。宝宝自虐时，家长无条件地接纳他、安慰他，会帮助他重塑对自己的自信心，轻松面对失败。

不接受批评

【释义】

孩子在遭到父母或老师批评时，即使心里承认父母或老师批评得正确，也拒绝接受批评和建议，而采取发脾气、对抗、不服输等态度来应对。这种行为在3岁宝宝身上非常常见。

【典型表现】

有些孩子在遭到批评时，往往生气发火，甚至以摔东西来反抗。

上幼儿园的孩子，在遭到老师的批评之后，会不喜欢这个老师，甚至会连带讨厌幼儿园。如果孩子突然讨厌去幼儿园了，家长可考虑这个原因。

更多的孩子会以哭闹、推卸自己的责任来拒绝家长或老师的批评。

【多发情形】

这种情形在家长或老师当众批评孩子的时候，更加多发。因为3岁宝宝已经有了自我意识，很爱面子。如果家长或老师不顾孩子的面子而当众批评他们，孩子必然难以接受批评。此时，他就会以哭闹或对抗来表达自己的不满。

【错误成因】

3岁孩子对抗批评，多是由于以下几种原因：

（1）孩子自尊心太强。3岁孩子已经有了较强的自我意识，喜欢表扬，而不喜欢批评。同时，他们对对错的意识不强，很容易将他人的批评全部当做不对的，从而一律反抗。

（2）父母批评方式不当。很多父母批评孩子时，往往讽刺挖苦，甚至训斥谩骂，也不管有无他人在场，张口就来。这种批评方式对孩子的自尊心伤害更大，无疑更加难以被孩子接受。

【解决方案】

如果你的孩子对抗你的批评，你不妨变换一下批评方式：

（1）编故事引导孩子认识到自己的错误。如果孩子做了错事，比如撒谎、打人等，家长可编一个故事，将孩子的错误行为融入到故事中。孩子最爱听故事，用故事来教育孩子比生硬的批评要容易接受得多。

（2）批评孩子时，要先表扬孩子的优点，然后再指出孩子的错误。比如："孩子，今天家里来客人，你帮妈妈洗碗，表现真好，如果下次家里来客人，你吃饭时不用手抓，那我就更喜欢你了"，等等。因为先表扬孩子的优点，再说缺点，可以让孩子心理上有个缓冲，这样，更易于接受。

【误区警示】

即使孩子对抗你的批评，你也不要这样做：

☆用更加粗暴的方式迫使孩子服从。

孩子是因为自尊心受到伤害而对抗批评，如果你再用更加粗暴的方式，迫使他服从的话，他的自尊心受到的伤害就会更大，这无疑对孩子的成长不利。

☆对他的对抗不加理会。

孩子拒绝接受批评，并加以反抗的话，家长采取不加理会的态度也不妥当。而应该向孩子检讨自己批评的方式不当，并用启发式提问，引导孩子认识到自己的错误，并启发孩子找到正确的方法。这才是有效的教养方法。

对　抗

【释义】

对抗是指孩子与父母或他人相处时，因为意见或想法不一，而产生的敌对性情绪或行为。

【典型表现】

3岁宝宝的对抗行为多发生在自己的意愿与想法和父母或老师有分歧时。典型表现就是孩子偏偏不做那些要求他做的事。比如，孩子好奇心强，喜欢乱动乱摸，但父母阻止他这样做，他就会表现出对抗情绪。要么偷偷去做，要么通过哭闹等方式发泄不满。

【多发情形】

这种情形在孩子要求得不到满足，或他人用命令式的语气和孩子沟通时更多发。

如，孩子不想起床，父母偏要他起，并命令："你必须马上起来，否则就打屁股。"孩子往往会坚持自己的意见，回答"不"。你越是要求他，他"不"的立场越坚定。此时，在父母或老师眼中，这样的孩子就是不听话、难以管教的孩子。

【错误成因】

3岁孩子爱对抗，主要是由以下原因引起的：

（1）试图独立。3岁孩子自我意识已经开始萌芽，其言语和动作发展迅速，并且力图摆脱大人的约束。此时，宝宝会把"我自己来""放开我"挂在嘴边。如果父母不答应，孩子就会生气，甚至事事与你对着干。

（2）3岁孩子凡事以自"我"为中心，自己喜欢的就是好的，喜欢的玩具要马上得到，喜欢的事情要马上去做。而如果他的要求得不到满足，就会以哭闹、顶嘴等手段要挟大人，以达到自己的目的。

（3）父母不了解孩子。3岁孩子的思维正趋向成熟，是个独立的个体，但许多父母意识不到这一点，还把孩子当做刚出生什么也不懂的小Baby看待。不尊重孩子，不顾他的需要和要求，孩子做什么事，都觉得没能力去做，或觉得不安全，并因此加以阻止。这就会让孩子产生不满，甚至敌对情绪。

【解决方案】

如果你的孩子也与你对着干，不妨采用以下一些妙方：

（1）当孩子爱对抗时，父母可反着说。比如，孩子不爱吃饭。到吃饭时，爸爸就可以十分"生气"地说："不要给他盛饭，反正他不饿。"之所以这样做，是由于"反抗期"的孩子，你越不让他做什么，他偏要去做。利用这点进行引导，更易管教孩子。

（2）想让孩子做某事前，要先提示孩子。比如，当妈妈要孩子睡觉时，你可以和孩子商量一下："孩子，你看五分钟电视，就跟妈妈去睡觉好吗？"这样的协商会让孩子以为自己参与了规则的制定，会更加主动去执行。

（3）让孩子做不喜欢的事情时，可以投其所好。比如，孩子不喜欢洗脸、刷牙，你可以给孩子买个形状非常好玩的牙刷，最好是孩子喜欢的卡通形象，然后你以身作则，每天和孩子一起刷牙。孩子做事，总是凭兴趣，只要让孩子高兴了，他再不喜欢的事，也乐于去做。

（4）平时与孩子说话时，语气要平和，要多用选择句式，特别是他不喜欢的事，比如："你吃桃子还是苹果？""宝宝，让我们试一试这衣服漂亮吧！"或是用协商的语气："你看，这件事这样做好吗？"这样会让孩子感觉到被尊重。

（5）在生活中，要让孩子多做主。给孩子"独立"的机会，让孩子自己决定自己的事情，多给孩子空间和自由，孩子就会平和很多。

【误区警示】

孩子很"拧"时，切不可这样做：

☆孩子不喜欢做某事，强制他去做。这会损伤孩子的自尊心，对孩子的成长不利，同时也会加重孩子的对抗情绪。

☆感到家长的权威遭到挑战。

在教育孩子的事情上，千万不可把家长的权威、面子放到首位。这会影响教育的效果，同时也给孩子错误的示范，加重他的"面子"情结。

顶　嘴

【释义】

顶嘴是指孩子对父母的批评或指责不礼貌地大声争辩，或者对父母的命令或训诫轻率无礼地当面顶回。

3岁宝宝因为独立意识增强，越来越有主见，更爱与父母唱反调，所以顶嘴的情形非常多见。

【典型表现】

3岁宝宝已经有了很强的独立意识，凡事想自己做主，不想父母管得太多。同时也有急于向别人表现的欲望，对父母的命令、训诫不以为然，甚至当面申辩、顶回。

比如，父母批评他做事磨蹭，他可能会顶嘴说："你不也总是磨磨蹭蹭的吗？"

【多发情形】

孩子的顶嘴多发生在父母严于律孩子，而疏于律己的家庭中。很多家长自己都做不到，非要孩子做到。孩子被逼急了，往往说出真话："你都做不到，还来说我。"

有些父母不了解孩子的内心，武断批评孩子，孩子觉得委屈，往往会顶嘴，申辩自己的理由，诉说自己的缘由，这也使得父母觉得自己的权威受到挑战，觉得孩子"不听话""不懂事"。

【错误成因】

通常，孩子爱顶嘴是由于以下原因：

（1）3岁孩子好模仿，如果父母平时因为小事就与家人发火，时

间长了，会让孩子受到消极影响，学会顶嘴。

（2）有些父母爱干涉孩子，要求孩子必须服从自己，容不得孩子有半点不同意见。随着孩子自我意识的增强，独立欲望愈加强烈，此时父母还大包大揽，孩子就会反感，进而以顶嘴来反抗。如，孩子正与小朋友玩得高兴，父母却强令孩子回家，孩子就会顶嘴说"不"。

（3）3岁宝宝往往普遍感到安全感缺失，所以希望父母能够多关注自己。如果父母不加理会，孩子往往会因为感到受挫而顶嘴抱怨。

【解决方案】

对顶嘴的孩子，你可以这样引导：

（1）父母要注意语言技巧，尽可能把"不要做"变成"要做"。比如去超市时，不要反复叮嘱孩子"不要到处跑"，而可以让孩子"跟着购物车走"。"不要"有批评的意味，而"要"则显得肯定得多。

（2）无论说什么，都要蹲下来和孩子说话。一来可以让孩子听清你在说什么，二来会让孩子感觉你亲切友好，对你所说的话更加认同。

（3）用商量与引导来代替命令与强制。如，孩子到了睡觉时间还不想睡觉，因为正在进行的活动太兴奋了。这时父母不妨将灯光调暗，音乐调低，再拿出孩子喜欢的绘本吸引他躺到床上讲故事，然后自然地过渡到睡眠上。

【误区警示】

面对顶嘴的孩子，千万不可这样做：

☆对孩子喋喋不休，恐吓孩子再顶嘴就打他。

顶嘴是孩子独立性发展的一个标志，从某种意义上说，父母应该鼓励孩子顶嘴，以培养孩子独立思考的习惯。

☆对孩子严格，对自己松懈。

如果你自己总爱睡懒觉，却要求孩子早早起床，孩子自然不会乖乖听话，甚至以此来顶撞你。要求孩子做到的事情，父母自己必须先做到。这样才是最有效果的教育。

认　生

【释义】

认生是指孩子怕见陌生人，或者畏惧陌生的环境。

【典型表现】

孩子在见到陌生人时，往往表现出惧怕、躲藏、紧张等行为。比如躲在父母身后，甚至躲在自己房间里不出来。即使在自己家里见到陌生人，孩子也会感到紧张不安。在去朋友家做客时，这种情形更加常见。

【多发情形】

这种情形在父母偶尔带孩子外出时，或家中突然有陌生的来客时，比较常见。

如，孩子平时经常在家里玩，很少外出，很少见外人，在这样的环境长大的孩子，一旦被父母带出去，多会有认生表现。表现得害羞、寡言、退缩、不敢大声说话，甚至突然口吃等。

【错误成因】

孩子为何会认生呢？家长可从以下几个方面找原因：

（1）社交过少。很多父母怕孩子外出受欺负，或者去人多的场合容易被传染上疾病，而不带孩子外出社交。长期如此，孩子就会在生人面前感到不自在，进而惧怕生人。

（2）3岁宝宝一个显著的特点是缺失安全感。因为随着孩子自我意识的增强，孩子独立自主机会的增多，他逐渐感到自己和父母不是一体，进而感到焦虑。再加上生活

方式的改变——3岁宝宝一般都要开始幼儿园生活——更加剧了孩子的安全感缺失。所以就会对生人、陌生的环境表现出紧张和不自在。

（3）敏感内向的孩子往往更加认生。敏感的孩子想象力往往更加丰富，看到生人会联想到打人的坏人，甚至把生人想象成怪兽，所以就会对生人感到惧怕。而性格内向的孩子因为疏于交际，往往也在生人面前感到不自在。

【解决方案】

以下小妙招，可以帮助孩子改善认生情绪：

（1）父母可以经常带孩子到亲朋好友家串门，或邀请他们来自己家做客，给孩子创造接触生人的机会。如果家里来客人，父母可提前把孩子喜爱的玩具、糖果等交给客人，让客人带进门。这样就能吸引孩子的注意力，并给孩子留下亲切的印象。

（2）父母要经常带孩子到儿童游乐场、公园等孩子多的场合，让孩子与陌生的孩子们一起滑滑梯、荡秋千、攀登障碍物、做游戏等，鼓励孩子与同龄的玩伴交朋友。

（3）带孩子去亲朋好友家串门时，可以给孩子带上一两件孩子喜欢的物品或玩具，这些小东西能够在陌生的环境中给孩子亲切感。

（4）当孩子能够自然地回答陌生人问话或有礼貌地呼叫陌生人时，千万别忘记及时给予奖励或称赞。

【误区警示】

孩子认生，父母千万不要这样做：

☆强迫孩子叫人，或者把躲在自己身后的孩子强拉出来。这样会加重孩子的惧怕心理，让他感到更加紧张。

☆因为孩子怕生人，所以家里来了客人就早早让孩子躲在自己的房间不要出来。家长的这种做法只会给孩子"陌生人很可怕"的暗示，加剧孩子的认生。

☆喋喋不休地告诉孩子不要怕生人，生人没什么可怕的，怕生人的小孩子是胆小鬼。父母的这种做法其实是一种负面强化，孩子会觉得"父母为什么总要说生人呢，可见生人很可怕"。

生 气

【释义】

3岁宝宝非常爱生气，稍有不顺就生起气来。在与同伴玩耍时发生争执，或者家人没能满足自己的要求，孩子就马上冷下脸来，不理对方，甚至以打人、摔东西来表达自己的气愤。这种行为在3岁宝宝身上是非常常见的。

【典型表现】

在与同伴玩耍时，因为意见不合，孩子马上停止游戏，不理对方，或者马上离开游戏现场，躲在一边生闷气。

如果父母批评了孩子，孩子马上拉下脸来，歪着头生气，甚至之后很长时间都不理父母，也不和父母说话，对父母的呼喊也不应答。

【多发情形】

这种行为在孩子感到受挫时比较多发。比如父母没有满足孩子的要求、同伴没有采纳自己的意见、因为做错了事情而受到批评，等等。

【错误成因】

孩子爱生气，原因主要有以下几种：

（1）3岁宝宝自尊心强，对于失败、批评的耐受力非常差，所以，一旦感到受挫，就会产生挫折感，生自己的气，或者生别人的气。

（2）3岁宝宝控制情绪的能力差，一有不良情绪就会通过发脾气等方式表达出来。

（3）孩子爱生气还与自身气质有关。通常，敏感、暴躁的孩子，

承受挫折的能力更差，更易表现出烦躁，爱吵闹，爱生气。

【解决方案】

孩子爱生气，家长别着急，只要采用以下办法，就可让孩子平息怒气。

（1）身体接触法。不管孩子为什么事情而生气，家长都要拥抱他。身体接触可以安抚孩子的情绪，平息孩子的怒气。

（2）转移注意力法。3岁宝宝的注意力很容易被转移，所以恰当使用就可平息孩子的怒气。比如拿出孩子平时喜欢的玩具和孩子一起玩，或者带孩子出去走走。

（3）做"生气操"。当孩子生气时，父母可与孩子一起做"生气操"。具体方法是：父母与孩子坐在床上，或站着，先摇摇头，再甩甩手，一边甩手、摇头，一边说"我不生气"。这样做可帮孩子宣泄不良情绪。

（4）发泄法。准备耐摔的东西让孩子生气时摔打，或者给孩子画笔和纸让孩子通过画画的方式来发泄自己的不良情绪，这样可以帮助孩子学会用正确的方式来宣泄情绪。

【误区警示】

孩子生气时，父母不能这样做：

☆孩子因受到家长的批评而生气时，有些父母认为孩子不接受自己的建议，进而更加大发脾气，对孩子大吼大叫。这种做法是非常要不得的。因为这样做只会吓坏孩子，让孩子产生胆怯或对抗心理。

☆任由孩子生气，还说"爱生气就让你生个够"。孩子生气是因为感到受挫，此时孩子最需要得到的就是家长的安慰和认同。如果父母冷处理，任由孩子生气而置之不理，甚至讽刺挖苦，很容易打击孩子的自信心，让孩子变得自卑。

小性子

【释义】

小性子是指孩子常因为一点小事就发作，动不动就生气，爱赌气。

【典型表现】

3 岁宝宝与同伴相处时，常因一点小的分歧而使小性子。比如，两个孩子玩跳棋，其中一个孩子老是输，输的孩子就会在一气之下使小性子，不玩了，而一走了之。

3 岁宝宝与家人相处时，也经常为一点小事，或一句话就使小性子，甚至赌气不吃饭，以此来要挟父母。

【多发情形】

3 岁宝宝耍小性子是很常见的现象。在孩子觉得委屈、遭到挫折时，更加多发。比如，因为做错了事情而被批评时，或者自己的要求没有得到满足时，孩子会使小性子，以此表达自己的不满。

【错误成因】

孩子小性子，一般有以下几种原因：

（1）3 岁是一个经不起打击和失败的年龄，一旦自己做不好事情，或者受到批评，孩子就会感到受挫。为了宣泄这种不良情绪，孩子往往通过使小性子的方式来平衡自己的情绪。

（2）有些孩子爱使小性子，是由于其心理比较脆弱，承受不了挫折。比如，有的孩子在与小朋友玩游戏时，只能赢不能输，如果输了，就爱使小性子。

【解决方案】

孩子爱使小性子，父母可按以下方式引导：

（1）3岁宝宝常为了保护自己的自尊心而使小性子。家长除了在批评孩子的时候注意方式方法以外，还要在批评之后拥抱孩子，让孩子知道爸爸妈妈只是不喜欢他做的事情，但并不表示不喜欢他，这样孩子就不会过于在意家长的批评。

（2）如果孩子习惯了在公共场合或外出时使小性子，家长可在出门前和孩子做好约定。如，带宝宝去商场前，先约定只能买一件玩具，并且把玩具的名字写到纸上。如果孩子在商场临时变卦，家长只要提醒孩子事前的规则，孩子一般都能停止小性子、生气。

（3）对正在使小性子的孩子，冷处理是最好的办法。如果孩子生气不吃饭，家长尽可把孩子的话当真，不给他盛饭。几次之后，孩子就知道乱发脾气的坏处，主动约束自己的行为。

【误区警示】

孩子爱使小性子，家长避免这样做：

☆对使小性子的孩子批评或者打骂。家长的这种态度，更会加重孩子的小性子，而对矫正孩子的行为不利。

☆向孩子服软。有些家长看孩子哭闹不吃饭，便心疼孩子，答应他的无理要求。几次之后，孩子一旦感到不如意，就以此来要挟父母。

争强好胜

【释义】

争强好胜，是指孩子不管是在生活琐事上，还是在游戏玩耍的过程中，都要求做强者，时时事事处处超过或压倒别人。

【典型表现】

3 岁宝宝的争强好胜心表现在生活中任何细微的地方。游戏，要争第一；吃饭，要争第一；睡觉，要争第一……甚至连去厕所、排队、和老师拉手，这些微不足道的小事也要为第一争来争去。争到的一方兴高采烈，没争到的一方垂头丧气，甚至为此哭闹伤心。

【多发情形】

3 岁宝宝的这种争强好胜心在与同伴一起时，表现得更加强烈。

如果独自和父母在一起，往往不怎么明显。

如果父母或老师以"第一名有奖品"来刺激孩子时，孩子的争强好胜心就会更加强烈，甚至会为此而与同伴大打出手。

在父母或老师夸奖别的孩子时，自己的孩子往往会通过说大话来与对方"较量"一番，这也是争强好胜心在作怪。

【错误成因】

3 岁宝宝对于"第一"这个头衔非常敏感。这是因为 3 岁宝宝的自尊心非常敏感，需要得到"最棒""最好""第一名"这样的外部认同来强化自己对自己的信心。所以，这个年龄段的孩子往往爱争第一。

而且3岁宝宝也有了竞争意识，开始明白快慢、首末、输赢的意义，更喜欢争第一。

父母和老师经常通过竞争让孩子去做自己不喜欢做的事。如，孩子不想吃饭，家长以"比赛，看谁吃得快"哄孩子去吃。长期如此，孩子就会因为想要得到表扬而时时处处争第一。

【解决方案】

孩子有竞争意识当然是好事，但时时处处争第一，一旦争不到就生气，对孩子的成长不利。父母可尝试以下方法，对孩子的竞争心理进行疏导：

（1）如果两个孩子因为都想当第一而争吵，或者其中一个孩子因不是第一名而生气，父母可以这样说：你们一个是男孩第一，一个是女孩第一；或者我们今天有两个第一名。这样做，就能保护孩子的好胜心。

（2）父母可经常与孩子进行吃饭或起床比赛。在比赛后，要告诉孩子第二名和第一名一样棒，奖励第一名，同时也奖励第二名。这样，没得第一名的孩子亦会同样兴高采烈，从而避免孩子有太强的挫折感。

（3）孩子最喜欢玩游戏，父母可以多与孩子做游戏。在做游戏的过程中，让几个孩子排队，轮流当第一名。可借机培养孩子的耐性。

【误区警示】

当孩子为争第一而争吵，或者没得第一生气时，父母千万不能这样做：

☆孩子在竞争中失败后哭闹时，家长切不可因此而批评孩子笨。这种做法对孩子的自信心非常不利。

☆当孩子为谁是第一而吵闹时，父母不加引导，听之任之。这种做法，只能让孩子吵闹不休，甚至会为此大打出手，不利于平息孩子之间的矛盾。

爱问为什么

【释义】

这是孩子由于好奇心强而引发的一种行为。从心理角度分析，孩子的这种行为是儿童心理发展的正常表现。心理学家认为，孩子好问的年龄大约是从 2 岁开始的，到 6 岁达到高峰，所提问题也逐渐深入。

【典型表现】

这种行为只发生在孩子心里有疑问时，发问的目的也是为满足自己的认知需求，一旦满足了，孩子就会主动放弃这种发问行为。但有时回答了这个问题，孩子还会有疑问，会接着问父母或他人，直到新的问题有了答案后，他才会停止发问。

【多发情形】

这种行为在好奇心强的孩子身

上比较多发，而且孩子在生活中所接触的常识性知识越多，越容易发现新问题，越爱发问。3 岁的孩子多喜欢问"这是什么，那是什么"，最喜欢问的对象是父母或家人，而且不分场合，不管父母忙不忙。有时甚至重复问同一个问题，或者问一些很莫名其妙的问题。

【错误成因】

很多父母不喜欢孩子老爱问为什么，甚至认为孩子是故意捣乱。事实上，3 岁孩子爱问为什么，是因为孩子好奇心强。他们对新鲜事物感到好奇，但是他们的知识经验又无法解答这一切，所以就喜欢向大人问这问那。

此外，孩子的认知能力有限，

在认识这个陌生世界的过程当中，他会遇到很多疑问，要通过不断地向他人发问，来认识和熟悉这个世界。发问是孩子认知世界的一种方式。

【解决方案】

如果家中有爱提问题的宝宝，父母要多采取引导和启发式回答，促使其自主思考。

（1）对孩子提的问题，父母能马上解答的就马上回答。解答问题时力求语言简洁、通俗、明确，能让孩子听懂。比如，孩子问"天空为什么是蓝色的"，父母可告诉孩子，大自然给了天空这种颜色，而不要给孩子讲光的折射、反射等复杂的理论。

（2）如果父母也不知道问题的答案，要真诚地对孩子说："这个问题把妈妈难住了，我们一起来查查书，好吗？"切忌不懂装懂。

（3）如果孩子提的问题比较简单，不要马上给他答案。可以让他尝试自己回答，可以对孩子说"宝宝先说说是为什么呢？"如果孩子的答案偏得太远，也不要否定他的答案，你可以说："你是不是再想想啊!"借机培养孩子的思考力。

（4）有时孩子常常会提一些幼稚的，甚至让人捧腹大笑的问题，父母最好借机培养孩子的观察力，比如，孩子老问：月亮为什么不一样大，有时圆，有时不圆呢？父母就可以经常带孩子观察月亮的变化。

【误区警示】

孩子总爱问什么，父母千万不能这样做：

☆经常说"等你长大了就知道了"，或"过一会再说，你没看我正忙着吗"。这种敷衍的态度会打击孩子提问的积极性。

☆直接告诉孩子答案，不给孩子思考的机会。这样做会让孩子产生依赖心理，从而变得不爱动脑筋思考。

爱模仿

【释义】

孩子经常有意无意地模仿家人、同伴、卡通人物等的动作、言语、姿势，等等。不管这种动作、言语、姿态是不是正确的，只要是孩子觉得有趣的，就一律模仿过来，并练习使用。

【典型表现】

孩子看到身边的人或者动画片中的卡通形象有趣的动作或语言时，往往就会记住，并加以模仿。比如模仿老爷爷走路，模仿动画片中的人物的打斗动作等。

通常，3岁宝宝的模仿分四个步骤：先是看或听——接着消化吸收——下一步尝试模仿——之后不断练习。

【多发情形】

孩子在第一次接触某种事物时，更容易感觉有趣，进而模仿。比如，第一次听到骂人的话，孩子会觉得有趣，进而进行模仿；第一次见到弯腰驼背的老人，就会觉得对方的动作、姿态很搞笑，进而模仿；在看到爸爸戴墨镜或刮胡子时，孩子也觉得有趣，进而模仿。

【错误成因】

3岁孩子为什么爱模仿呢？

（1）模仿是孩子与生俱来的能力，也可以说是孩子的本能，亦是孩子创造的开始。

（2）模仿是孩子成长的需要。标志孩子成长的一个特征就是他发现自我与他人之间的区别，然后有

意识地模仿。而通过模仿，孩子既能认识这个世界，又能学到很多本事。可以说模仿能力是孩子认知和发展独立性的垫脚石。

【解决方案】

孩子喜欢模仿，父母要注意引导孩子模仿一些健康的东西：

（1）如果发现孩子模仿的动作不利于健康成长，如，模仿口吃的人说话，那么父母要带孩子远离口吃的人。远离不良行为的人，就能阻断不良模仿源。

（2）可多让孩子模仿有利于他成长的事，如扫地、拖地等。因为大人觉得很累的事，孩子却觉得很好玩，同时，这样亦有利于培养其自理能力与独立生活的能力。

（3）可多让孩子玩过家家的游戏，让孩子扮演爸爸妈妈。这类游戏既让孩子觉得好玩、有趣，又可锻炼孩子的动手能力。

【误区警示】

对待孩子的模仿行为，家长不要这样做：

☆把孩子的模仿当做笑料。孩子的模仿行为，尽管有时滑稽可笑，但其实是孩子学习和探索的过程，家长的这种态度会让孩子感到不好意思，甚至会阻碍孩子通过这种方式学习和探索。

☆强行阻止孩子的模仿行为。刻意纠正孩子的模仿行为，会影响孩子创造力的发展。

性好奇

【释义】

性好奇是指孩子通过观察，发现自己与异性之间存在的差异，并对差异感到好奇的行为。3 岁宝宝步入性蕾期，这个阶段会产生性好奇、性骄傲，甚至手淫、性别认同混乱等现象。孩子出现这些行为是正常的成长过程，家长不必太过担心。

【典型表现】

对自己与异性之间的不同感到有趣，并通过观察、碰触等方式去寻找答案。比如，看到异性小便，就站在旁边观察。弄不明白时，孩子还会问家长："为什么我站着尿尿，而妹妹要蹲着尿呢？"

还有的孩子会进一步通过触摸生殖器官，甚至用生殖器官做实验等方式，加深对这些敏感部位的了解。比如有的男孩会在尿尿时用手捏住小鸡鸡，看会出现怎样的结果。还有的女孩会往自己的生殖器官里灌水、用手指抠等方式来进一步探索。

【多发情形】

孩子与异性小朋友相处时更加多发。有些孩子会相互探索彼此的身体。

特别是在幼儿园里男孩、女孩共用一个洗手间的情况下，孩子感觉到差异的机会更多，所以更加多发。

【错误成因】

孩子为何对性好奇呢？是因为

好色吗？当然不是，而是由于以下原因：

（1）成长过程中的必然现象。通常，孩子从一两岁开始，注意到男、女身体上的区别。随着语言能力的发展，到3岁左右时，他们能与父母沟通时，就开始询问与性别相关的事。

（2）好奇心强。3岁孩子对什么事情都感到好奇，在强烈好奇心的驱使下，往往会去提问或探索。

【解决方案】

3岁宝宝对性好奇是非常正常的，家长切不可给孩子传递出对这些好奇是罪恶的暗示，正确引导，用正确的渠道满足孩子的好奇心，才是最好的方式。具体可以这样做：

（1）当孩子问自己或他人的生殖器官时，父母要坦然告诉孩子，不要制止孩子的提问，甚至批评孩子"不知羞"。此外，还要告诉孩子，这个地方特别重要，不能露在外面让别人看到。

（2）和孩子共同洗澡，尤其是要爸爸和女儿一起洗，妈妈和儿子一起洗，让孩子知道男人与女人的不同。

【误区警示】

3岁宝宝开始进入性蕾期，这个时期是孩子建立正确的性意识的关键时期。父母此时的态度，对于孩子青春期甚至整个人生的性心态有重要意义。所以，在性蕾期，父母要注意对孩子的性心理的引导和矫正，同时避免以下问题：

☆对性讳莫如深。孩子问起与性有关的问题，父母就遮遮掩掩，讳莫如深，这种态度一方面有可能更加激发孩子的好奇心，非要弄个明白不可；另一方面也有可能给孩子造成性是丑陋、罪恶的印象，造成性心理扭曲。

☆拿孩子的生殖器官开玩笑。有些父母爱拿孩子的生殖器官调侃孩子："你的小麻雀飞了。"这种做法会让孩子感觉难为情，甚至因此而发生性心理扭曲。

☆打乱孩子的性别意识。3岁孩子的性别意识开始萌芽，如果父母不加注意，比如经常把男孩打扮成女孩，或者像教育男孩一样教育女孩，就可能造成孩子性别意识混乱，对成长非常不利。

说不清楚话

【释义】

孩子在与人交往、沟通时，因口头表达能力有限而引发的一种沟通障碍。在心理学上，这种障碍称之为特发性的构因障碍。

这种沟通障碍让很多父母忧虑：孩子以后会不会口吃？但其实这种担心是多余的。3 岁孩子处于语言敏感期，说话说不清楚，是非常正常的现象，而且是暂时的，随着孩子语言能力的发展，这种现象会慢慢消失。

【典型表现】

口齿不清。很多 3 岁孩子对某些字的音还发不准，比如"姥姥""哥哥"等。

条理混乱。很多 3 岁孩子在表达一件事情时，由于语言没有条理，东说一句，西说一句，让人摸不着头脑。

因为好玩发出各种奇怪的语音。3 岁孩子热衷于创造新词或者新的发音，并且乐此不疲。比如，妈妈问宝宝晚餐吃什么？他可能回答一种不完全不存在的食物。妈妈再问，得到的回答还是相同。这其实是宝宝的一个游戏，而这样的游戏会令孩子感到开心。

【多发情形】

当孩子急于表达某个问题或观点时，因为着急，很可能会说得前言不搭后语。

当孩子感到无聊时，很可能会通过创造新词让自己开心起来，而

且如果这个新创造的词惹得家长发笑，孩子更会有意重复这个词。

当孩子对谈话心不在焉时，也可能会声音小，或者东一句西一句，自己说了什么都不知道。

【错误成因】

3岁孩子说话不清楚，除了先天性发育异常外，还有以下几种原因：

（1）后天语言环境不良。如，父母不注重孩子的语言教育，发现孩子表达有问题，也不帮其及时纠正。

（2）逻辑能力差。3岁宝宝基本知道如何说，说什么，但由于其逻辑思维能力较差，在表述比较复杂的情况时，很可能会前言不搭后语，缺乏条理性和连贯性，所以就有说话重复或说不清的情况出现。

（3）发音器官发育不够完善。如，听觉的分辨能力和发音器官的调节能力都较弱，还不能正确掌握某些音的发音方法，不会运用发音器官的某些部位。所以把"哥"说成"喝"是常有的事。

（4）词汇量少。3岁宝宝所掌握的词汇量有限，同时这个年龄段又对语言精益求精，力求准确。为了找到更准确的词语表达自己的想法，孩子常常在说话的过程中停下

来思考，因此就会出现结巴、拉长音等问题。

【解决方案】

发现孩子语言表达能力差，父母可通过以下方法来加以引导：

（1）在日常生活中，尽可能多和孩子说话。创造机会，多让孩子用语言来表达自己的想法。有些孩子习惯用动作来表达自己，父母此时要对他的动作不加理会，逼迫他用语言来表达。父母还可以请孩子编故事讲给自己听。在孩子编故事的过程中，不但锻炼了孩子的语言表达能力、逻辑思维能力，对于孩子自信心的建立也非常有好处。

（2）可以与孩子一起大声读故事或歌谣。简短押韵的童谣，朗朗上口，韵律也如音乐一般，更令孩子喜爱，还可以丰富孩子的语言，成为自己的语言素材。

（3）孩子发不准音时，父母一定要告诉孩子正确的发音，如孩子将"姑姑"说成"哥哥"时，一定要纠正他。还要张大嘴，让孩子模仿你的口型，感受正确的发音。

【误区警示】

孩子语言表达能力差，家长要注意避免以下做法：

☆无休止地刻意纠正孩子的每一个发音。3岁宝宝可能因为生理

发育的差异，有些音发不准。这时
家长不要无休止地刻意纠正孩子的
每一个发音，这样做不但会让孩子
感到挫折，还会打击他对语言的兴
趣。其实这些发音在孩子大一点之
后，很容易就能纠正过来。

☆取笑他的错误发音。这样做
会让他感觉没面子，甚至从此变得
不敢轻易开口。

☆模仿孩子错误的语句。这样
做会强化孩子的错误，影响孩子学
习正确的表达。

说　谎

【释义】

说谎是指3岁宝宝有时为了讨好别人、逃避惩罚、获得好处等原因，而有意说不真实的话。也指孩子因为说话不假思考而无意说谎的行为。

【典型表现】

孩子因为语言分辨能力差而无意说谎。比如孩子想向家人描述自己看见了一个大猫时，可能会说大猫像恐龙一样大。或者家人问孩子你在幼儿园表现好不好？孩子很可能不管真实情况怎样一律回答"好"。

孩子为了获取奖赏或者逃避惩罚而说谎。比如家长说只有把玩具收好的小朋友才能获得奖励。孩子往往说谎说自己已经收好了，但其实根本没收。

孩子也会为了使自己在小伙伴中更有优越感而说谎。比如孩子可能会向同伴说自己有非常非常多的玩具，比商场里的还多。

【多发情形】

这种行为在孩子为避免惩罚或得到父母的赞赏时更加多发，特别是为了逃避惩罚，很多孩子会向父母编造谎言。这种谎言，对孩子来说是一种自我保护。

在日常生活中，对孩子的错误，父母惩罚得越严厉，孩子说谎的可能性就越大。反之，如果对孩子错误的批评适可而止，孩子可能会更加坦诚。

【错误成因】

3岁宝宝的说谎多是由于以下

原因：

（1）想象和现实分不开。

3岁宝宝想象力丰富，有时无法分辨出自己说的是真实的，还是自己想象出来的。

比如孩子家里本来没有汽车，却告诉同伴自己家有汽车。其实不是孩子虚荣，而是看到别人家有汽车，就想象自己家也有。

（2）家长的错误引导。

有些家长经常用物质利诱宝宝，让宝宝做各种事情。但有时家长又不检查，就奖励了孩子，几次之后孩子就会说谎，说自己完成了而要奖励。还有的家长在孩子做错事情之后，往往雷霆万钧，孩子再做错事情就以说谎来蒙骗，以逃避惩罚。

【解决方案】

（1）不管孩子是有意撒谎还是无意的，都不要给孩子贴上"谎话大王"的标签。这种负面标签会打击孩子的自信心，更不利于撒谎行为的纠正。

（2）孩子犯错后，不要揪着孩子的错不放，大发雷霆，甚至体罚孩子。可平静指出孩子的错误，再和孩子一起想办法解决。孩子知道不会因为犯错而挨罚，就不会再撒谎了。

（3）孩子为了给自己"挣面子"，向同伴说谎说自己有最新型的玩具等时，不要当面揭穿孩子的谎言。可在孩子回到家后，平静地告诉孩子说谎是不对的。甚至家长可以"逼迫"孩子主动承认自己说谎，比如问他把你最新型的玩具拿来给我看看好不好。这样孩子就会意识到谎话是会令人感到难堪的，自己就会主动杜绝说谎。

（4）不要利诱孩子。不管你要求孩子做什么，不要利诱孩子。如果你希望孩子自己收拾好自己的玩具，可以告诉他玩具都找不到家了，快帮玩具找到家。这样孩子就会主动去做你希望他做的事。

【误区警示】

对孩子撒谎家长切记不能这样做：

☆当众拆穿孩子的谎言。这是最愚蠢的做法，会令孩子感到非常难堪。

☆打骂惩罚孩子。这是一种负强化，会更加强化孩子的撒谎行为。

喜爱重复

【释义】

孩子在日常生活中，因某种目的或用意不断重复同一行为或动作。如，重复看同一集动画片、听同一个故事，重复开门或关门。这种行为在 3 岁宝宝身上非常多见。

【典型表现】

孩子对某个事物特别感兴趣时，就会经常重复。比如给孩子讲一个新故事，孩子可能就会要求你连续多次重复这个故事。有时孩子已经能够自己讲出来了，还会要求你讲，甚至你讲错了，他也能够指出来。

孩子对某个事物好奇时，重复的情况也非常常见。比如开灯关灯的动作可能会使得灯亮或者熄灭。孩子为了弄懂这之间存在的联系，就会重复这个动作。

【多发情形】

孩子想吸引家长的注意时，常常会重复。心理学家认为，婴幼儿从重复行为中获得关注，爸妈也在孩子的这种重复要求中理解孩子的内在需要。比如孩子总拿同一本书让你读，可能就是想要引起你的注意力。其实孩子此时不是想要你重复动作，而是想从亲子共读中感受到爱。

在孩子接触到一个新事物时往往更易出现重复。比如孩子刚刚学习走平衡木，为了练习，孩子就会要求重复去走。婴幼儿学习的重要方式就是重复，细心的父母常常发现，孩子在重复某个行为一段时间之后，会出现学习上的一大飞跃。比如经常缠着妈妈讲同一个故事的孩子，往往在一段时间之后唱出故事里面的整首歌，或者语言表达能力提高很快。

【错误成因】

很多父母认为孩子"喜爱重复"，是一种"坏"习惯，这个"坏"习惯是怎么形成的呢？

孩子"喜爱重复"多由于以下几种原因：

（1）心理紧张。如说话重复，多是由于父母对孩子说话的要求过严过急，或是周围的人对其说话方式经常嘲笑所致。

（2）想引起父母关注。如，晚上睡觉前，孩子总喜欢让父母读同一个故事。只要父母读给他听，他不在乎书中的故事是否听过，而是觉得只要父母陪自己就可以了。

（3）用这种方式学习。如，重复地读一些儿歌，过不了多长时间，他就会背一整段儿歌了。

【解决方案】

孩子重复某一动作或行为，你

又感觉很累时，可以这样做：

（1）当孩子要求你一再地读某一本书给他听时，你可以将书交给孩子，请孩子讲给自己听。同样是亲子共读，但被重复的对象成了孩子，几次之后孩子就会厌倦了。

（2）孩子的重复行为如果是为了学习，家长尽可让他去重复，等他弄懂了或掌握了这个问题，自然就不会重复了。

（3）转移注意力。孩子的重复行为对孩子的成长没有益处时，家长可将孩子的注意力转移到别处。

【误区警示】

对待爱重复的孩子，家长不要这样做：

☆敷衍孩子。当孩子的重复行为是为了引起父母的注意力时，父母的这种敷衍态度，必然会令孩子更加感到不被重视。

☆说孩子笨。孩子总学不会一项新技能时，父母千万不要说孩子笨，那样只会打击孩子的自信心，加剧紧张心理，不利于学习。

小 气

【释义】

小气，指孩子吝啬、气量小。比如看到自己的玩具、食物被别人享用时，表现出的拒绝、发脾气、哭闹等行为。这种行为令家长感到尴尬，但从成长心理学角度来看，小气是孩子发展过程中的自然现象，是自我意识的本能体现。

【典型表现】

在别人想要分享孩子的物品时，孩子往往会因为缺乏分享意识而拒绝，甚至抗拒。即使是自己最爱的爸爸妈妈想要分享自己的东西，也有可能遭到拒绝。

【多发情形】

当孩子特别喜欢某个物品时，一旦其他人想与孩子分享，孩子往往会拒绝。而如果要求分享孩子不怎么喜欢的物品时，小气行为往往少发。

如果被要求分享的食物特别少时，小气行为更加多发。尤其在外出游玩时，家长往往只带有限的食物，如果这些食物是孩子最喜欢吃的，孩子就会拒绝与同伴甚至父母分享。

【错误成因】

3岁孩子小气，多是由于以下原因：

（1）3岁宝宝自我意识强，凡是看到的、喜欢的，就都是自己的。没有分享意识，也意识不到别人也需要这些物品，所以连爸爸妈妈的分享要求也会拒绝。

（2）孩子的父母比较小气，不喜欢别人来借自己的东西，如，邻居来借自行车，父母怕被弄坏，就说自行车没气了。如父母老是这样做，时间长了，易让孩子"负面模仿"，不愿与别人分享。

（3）孩子向同伴要某种玩具玩，对方不给，当其他小朋友想玩他的玩具时，他也会拒绝其他小朋友的要求。再加上一些父母认为孩子这样做是对的，就会让孩子的小气行为愈发严重。

【解决方案】

3岁孩子小气，可采取以下方法纠正：

（1）约一些小朋友来家玩，让孩子尽地主之谊"招待"客人。如拿糖果给大家吃，拿玩具请客人玩等，这样可以培养孩子的分享意识。

但要注意，要提前与孩子商量，要拿哪些东西来招待小朋友，问问孩子有没有什么东西是他不愿意分享的，把孩子最喜欢的东西收起来。同时，要告诉其他孩子，来时带一两个他自己的玩具，因为孩子能玩小客人的玩具，他就可能对小客人更大方。

（2）吃饭时，可以让孩子帮父母分饭，要告诉孩子顺序，先给家中长辈，最后才是他自己。这样做，既可以让孩子学会如何分享，又能培养其善待老人的品德。同时，父母自己也要以身作则，如，经常买水果回来，洗好，一个个地分给家人。

（3）父母可以带孩子去人多的地方，当然，不要忘记多带玩具或食物，并鼓励孩子将这些玩具或食物与新结识的小朋友分享。时间长了，必能让孩子养成良好的分享习惯。

（4）经常带孩子去孤儿院，每次去之前，可鼓励孩子把旧的物品（玩具、衣物等）赠给那里的小朋友。

【误区警示】

作为父母，如果发现孩子小气，千万不能这样做：

☆说孩子自私。这样只会强化孩子不懂分享的行为。

☆认为孩子做得对。这会让孩子真的变成一个自私的孩子。

☆逼着孩子与他人分享。这会给孩子造成一定的心理伤害，更加抵触分享。

动辄哭闹

【释义】

动辄哭闹是指孩子因为一点小事情就哭哭啼啼，比如，和同伴争抢不过就哭、受到批评而哭、自己做不好事情就哭、想要某个玩具而哭，等等。这种哭闹原因较多，在3岁孩子身上比较多发。

【典型表现】

孩子经常为一些微不足道的小事而哭闹。如在遇到解决不了问题时、有不良情绪需要发泄时、表示疼痛与不适时、不知如何与人交往时、表达自己的需求时，不用语言来表达，而是通过哭闹的方式。

【多发情形】

这种行为在孩子的要求没有得到满足时，更加多发。如父母带孩子去商店，孩子想要某个玩具，但妈妈不给买，他就会很生气，或坐在地上哭闹不止。

有些孩子不懂如何发泄不良情绪，稍不如意就哇哇大哭，所以在受到批评、被同伴拒绝等情况下也更加多发。

有时，孩子为了吸引父母的注意力，也往往使用这种方式，所以在感到无聊、沮丧、孤独等情况下，也会出现哭闹的情形。

【错误成因】

孩子为什么这么爱哭呢？一般来说，原因有以下几个：

（1）语言表达能力差。有些3岁宝宝语言表达能力差，在与同伴交流时，或者与父母沟通时，因为着急而表达不清，结果被对方拒绝，孩子就会哭闹。有些孩子有不良情绪时，因为无法用语言表达出来，所以就通过哭闹等肢体语言表达。

（2）对语言表达效果不信任。有些孩子感到用语言表达拒绝、反对的效果差，就通过哭闹的形式来加强自己"不"的态度。尤其有些家长对孩子说"不"时不尊重，强迫孩子按照自己的方式来。比如，家长让孩子把一碗饭都吃完，孩子在表达了自己已经"吃饱了""不想吃了"之后，家长还是坚持强迫孩子吃，孩子就会通过哭闹等方式来反抗，强化自己的拒绝态度。

长期如此，孩子就会感觉到语言表达效果有限，只有用肢体语言来反抗才能取得效果。

（3）要挟父母。有些家长心疼孩子，孩子一哭，什么要求都答应。长期如此，孩子就会记住：有什么需求时，只要哭闹就行了。比如刚刚开始上幼儿园时，很多孩子为了试探父母，仅仅做出哭的样子来反抗上学。一旦家长表现出动摇，他们就会更加大声地哭，直闹到家长放弃让他们上学为止。

（4）缺少安全感。孩子从小没有得到父母的关爱，就会缺乏安全感。在与同伴交往时，或者感到受挫时，就会通过哭闹的行为来排解

不安。

即使平时很少哭闹的孩子，在突然到了陌生环境时，也会表现出哭闹。比如上幼儿园，由于老师、同伴和环境与家庭完全不同，孩子就会感到不安，而表现出哭闹等行为。

【解决方案】

（1）孩子如果是因委屈或疼痛而哭闹时，可以抱着他让他哭一会儿，这样不但能帮助孩子发泄不良情绪，还让他感受到爱。当孩子哭声越来越小时，可鼓励他把委屈或疼痛说出来。让孩子去表达自己受到的委屈或者疼痛，可以帮助他进一步宣泄不良情绪，还能锻炼孩子的语言表达能力。

（2）孩子老为小事而哭时，父母一方面要鼓励他用语言来表达自己的想法，另一方面可以通过讲故事等方式告诉他，感到难过、着急，或者想要得到帮助时，要忍住几秒钟不哭，并想办法解决。

（3）如孩子语言表达能力差，要给孩子提供尽可能多的表达机会。通过常给孩子讲故事、和孩子聊天等方式，可以使孩子获得语言的积累和表达的机会。

（4）孩子大哭时，不要说"宝宝真可怜"之类的同情语，因为这

样他会哭得更凶。可以对他说"来，妈妈抱一抱"，就会使他"雨转晴"，因为这种肢体安慰能增加他的安全感，有利于波动的情绪稳定下来。

（5）对于安全感缺乏的孩子，家长除了要多陪伴孩子以外，还要尽可能帮助孩子适应陌生的环境。比如带上孩子熟悉的枕巾、玩偶等去幼儿园，就可能使孩子感到熟悉，弱化心中的不安和紧张。

【误区警示】

对于动辄哭闹的孩子，家长注意不要这样做：

☆因不耐烦而批评。即使孩子为小事而哭，家长也不要不耐烦。从成长和发展的角度讲，哭泣对于维持心理健康是有益的。所以，即使孩子动辄哭闹，家长也不要不耐烦而批评他。接受他的消极情绪，并帮助他掌握更加合理的宣泄渠道才是关键。

☆恐吓孩子。有些家长在孩子哭时，对孩子说"再哭我就打你"或者"警察叔叔专抓爱哭的孩子"，这种方法很不可取。一方面会令孩子惧怕和自卑，从而形成懦弱的性格；另一方面还会让孩子对警察叔叔产生不正确的认识。如果你再教他安全知识——在公共场合走丢了可以向警察叔叔、保安叔叔求助时，孩子往往会因为对警察叔叔的负面印象而拒绝执行。这种恐吓虽然可能解决了一时的问题，但其实又制造了新的问题。

哼 唧

【释义】

哼唧是指一些孩子在与人相处时，为了表达自己的不满或者坚持自己的想法，而发出的一种似哭非哭的声音，或者吞吞吐吐、含混不清的声音。这种声音往往令家长非常恼火，在3岁宝宝身上非常常见。

【典型表现】

在表达自己的想法，而家长又非常强硬时，孩子往往会通过发出吞吞吐吐、含混不清的声音来发泄自己的不满，类似于大人常发出的低声抱怨。

在面对特别宠爱自己的人时，孩子往往通过哼唧来软磨硬泡，希望以此来打动对方，满足自己的无理要求。

【多发情形】

在孩子特别想要某个玩具，或特别想做某件感兴趣的事情时，这种情形更为多发。如孩子向家长要某个玩具，但家长不想给他，或忙于其他事情，没时间拿给他。这个孩子就会跟在家长屁股后面，哼哼唧唧。家长若是不耐烦，马上满足他，他马上就眉开眼笑了；但如果不满足他，他就会大哭大闹。

【错误成因】

孩子爱哼唧，一般有以下原因：

（1）父母经常武断否决孩子的需求。

3岁宝宝已经有了很强的自我意识，对于自己的意见和需求，往往会"固执"地坚持。如果父母经

常武断否决孩子的需求，并且不说明原因，孩子就会哼哼唧唧央求父母同意。

（2）父母过于强硬，孩子会通过哼唧来宣泄自己的情绪。

很多父母教育孩子过于严格，态度过于强硬，对于孩子的想法不重视、不尊重。孩子意见被驳斥时，为了宣泄心中的不满，只好哼哼唧唧地抱怨。

【解决方案】

孩子若总是哼哼唧唧，家长可以这样做：

（1）尽量满足孩子的合理要求。给孩子宽松和自由的成长环境，孩子就会变得开朗起来。

（2）对孩子说，有不同意见要正面、大声地说出来，不要用哼唧的方式。教会孩子使用正确的渠道提出反对意见。

（3）和孩子说话，要尽可能一句话只说一遍，不要啰唆，并且告诉孩子，想说"不"的时候，直接说"不"就行了，不要哼唧着抱怨。

【误区警示】

对孩子的哼唧，家长要避免以下做法：

☆冷处理。孩子的哼唧行为不要冷处理。冷处理会延长孩子哼唧的时间，有些孩子甚至不达目的就不停止。所以，对于孩子的哼唧行为要马上制止，告诉孩子有不同意见要说出来，而不是哼哼唧唧。

说脏话

【释义】

说脏话指孩子在日常生活中，说出一些令人感到冒犯或者侮辱的字眼的行为。3 岁孩子说脏话的行为一般是因为觉得好玩，但有些孩子已经表现出用说脏话的行为泄愤的意识。比如，在与同伴争抢时，往往因为抢不过而骂对方以泄愤。

【典型表现】

孩子在感觉脏话很好玩时，往往非常高兴地说出，并乐于看到父母为此震惊。家长的震惊行为，更加强了孩子的好玩心理，也就更加强化了说脏话的行为。

一些孩子在感到生气时，往往会因为要平复自己的怒气而说脏话。如被爸爸妈妈批评时，他可能会说爸爸妈妈是"大傻瓜"。

【多发情形】

如果孩子身边的人爱说脏话，孩子很可能会受到影响，学会说脏话。

有些家长发现，孩子经常从幼儿园学回脏话，到家之后进行练习，还以此为乐。

在与同伴发生矛盾时，有些孩子会借讲脏、粗话来发泄自己的不满。

在受到家长的批评，或者感到受到冷落时，有些孩子也会借助说脏话来引起父母的注意。

【错误成因】

孩子脏话连篇，一般有如下原因：

（1）3岁宝宝正处于口语迅速发展的时期，对于语言非常敏感，尤其大人严令禁止的脏话、粗鲁话，往往会令孩子感到新奇，于是往往对脏话有很强的好奇心。如果孩子身边的人，甚至邻居、路人、幼儿园的同伴，爱说脏话，孩子都会受到影响。

（2）3岁宝宝有时说脏话是为了吸引人的注意。尤其是父母因为工作忙而无暇顾及孩子时，孩子往往感到无聊，这时为了吸引家人的注意，孩子就会说脏话、怪话。另外，孩子还会为了在同伴面前显示自己有本领而说脏话。

（3）3岁宝宝还不知怎样排解心中的不良情绪，往往会在受了委屈，感到挫折时，说脏话骂人，以平衡自己的心理。

【解决方案】

对脏话宝宝，父母可采用以下小妙招：

（1）冷处理。如果孩子因为好玩、新奇而说脏话，家长只要采取冷处理的方式就能让孩子淡忘掉。因为不管是家长生气、批评还是觉得孩子可笑，都会令孩子对此兴致勃勃。只有不做反应，当做一般的话对待，孩子就会感到无趣，进而忘掉。

（2）在孩子用说脏话的方式平息自己的怒气时，家长可引导孩子用其他更正确的方式宣泄自己的情绪。

（3）幽默的反驳往往更有效。当孩子说脏话时，妈妈说："宝宝你一说脏话，妈妈的耳朵就听不见了！"孩子往往会因此而记住说这样的语言不好听，进而改正自己的行为。

（4）看动画片的时候，可借用孩子喜欢的人物来帮助教育。比如，"喜羊羊从来不说粗话啊！"

【误区警示】

对孩子说脏话的行为，父母要避免这样做：

☆破口大骂，或打孩子嘴。这样做不利于孩子改正骂人的行为，反而易伤害孩子的自尊和感情。

☆觉得好玩，哈哈大笑。这样做会让孩子误以为大人喜欢他的行为，会在无意中强化他的不良行为。

注意力不集中

【释义】

注意力不集中指孩子很难专心做一件事情，不管做什么都三心二意。

通常，注意力有有意注意（又称随意注意）与无意注意（又称不随意注意）之分，前者是有目的的、特意的注意，后者则是没有明确目的的注意。

3岁宝宝因为其生理以及心理发展的不成熟，注意力常难以持续超过3分钟。

【典型表现】

孩子干什么都是"三分钟热度"，这件事还没做好，就要做另一件事。

还有些孩子在做一件事时，往往三心二意。比如看书时想玩玩具，吃饭时要看电视等。

【多发情形】

这种行为多发生在活泼好动的孩子身上。如有些孩子活泼好动，坐不住，而且注意力分散，对任何玩具都只有三分钟的兴趣，一会儿做这个，一会儿做那个。

也有些孩子做事三心二意，常常半途而废。要求妈妈讲故事，故事还没听完又想看电视，看了一会儿，又去做别的事情了。

【错误成因】

孩子为何注意力常常难以集中呢？这是由于以下原因：

（1）从儿童的成长特点来看，3岁宝宝的注意力仍以"无意注意"

（又称不随意注意）为主导的。此时孩子的注意力非常容易被外界的事物所吸引，如一个好听的声音，一个新玩具，等等。

（2）性格原因。很多外向、活泼好动的孩子往往更加难以集中注意力。而性格安静的孩子，往往注意力集中的时间会稍长一点。

（3）父母的引导。有些父母不注意培养孩子专心做事的习惯，经常打断孩子的探索行为，为了让孩子安静吃饭就让孩子一边看电视一边吃，长此以往孩子就会变得三心二意。

（4）疲劳或过于兴奋。3 岁孩子神经系统的耐受力较差，如长时间处于紧张或兴奋状态，注意力就难以集中。

【解决方案】

对注意力不集中的孩子，父母可采取以下措施：

（1）培养专心做一件事的习惯。不要让孩子一边玩玩具，一边看电视，这样做不利于孩子集中精力做事。让孩子每次只做一件事，并尽可能完成，再做新的事。比如孩子想做手工，那就把手工作品完成，然后收好玩具之后，再做别的事。这样有助于孩子好习惯的培养。

（2）孩子要玩某个玩具时，可让孩子多等一会儿，不要他要什么马上就给什么。因为过度的宠爱会导致对孩子的纵容，让孩子随心所欲，爱做什么做什么，没有忍耐、克制情绪，自然做事不能坚持，不能善始善终。

（3）可用讲故事的方法，来训练孩子的注意力。在讲的过程中要引导孩子随着故事的情节思考，比如让孩子学一学故事主人公的表情，或者让孩子说说接下来会发生什么。这样可以吸引孩子的注意力，集中在故事上。

（4）给孩子一些必须动脑筋才能玩的玩具或者游戏。比如让孩子玩积木、拼图、串珠、钓鱼等，这些都需要孩子集中注意力去玩才能玩好，对于延长孩子的耐力，增进专注度很有好处。

【误区警示】

发现孩子注集力不集中，很多父母经常这样做：

☆强逼孩子集中注意力。这样做只能给孩子心理造成伤害。

☆认为无所谓。3 岁正是对规则敏感的时候，也是培养孩子好习惯最好的时候，这个时候培养孩子专注做事的习惯，会取得事半功倍的效果。

恋　物

【释义】

恋物是指孩子因离开了某一样陪伴物而引发的一种忐忑不安的行为。

从成长心理学的角度分析，3岁宝宝的这种行为是非常正常的。因为3岁宝宝正从婴幼儿时期的"完全依恋"走向"完全独立"，在这个过渡时期，孩子往往会感到不安全，进而必须依靠某种能够带给自己安全感的东西，才能重新获得安全感。

孩子的恋物表现在2岁时最为明显，在3岁孩子身上依然比较多见。

【典型表现】

去上幼儿园时一定要带上自己的玩具、书本或者被子、枕头等。如果不带就会感到不安，进而拒绝去上幼儿园。

妈妈不在时，会抱着妈妈的枕头睡觉。不给拿就大哭不止。

【多发情形】

刚刚去幼儿园的小朋友，往往因为换了一个环境，而感到不安，进而恋物。

和爸爸妈妈分房睡的孩子，往往比与爸爸妈妈共用卧室的宝宝更容易恋物。有时这些孩子甚至会留恋安抚奶嘴、奶瓶等。

【错误成因】

孩子为什么会恋物呢？主要是缺少安全感，具体分析如下：

（1）心理学家认为，"恋物瘾"

源于缺乏安全感，如孩子小时候经常独处，父母很少有时间陪伴孩子。孤独的孩子就会寻求某样物体作为精神上的慰藉，以寻求安全。

（2）父母过早地与孩子分房而睡，孩子畏惧噩梦和黑暗，亦会紧紧抱着某个物品，以慰藉自己。这是一些孩子在入睡前染上"恋物瘾"的原因。

（3）3岁宝宝已经有较强的自我意识，已经意识到自己与父母是两个单独的个体。这种认识会令孩子感到恐怖，所以3岁宝宝几乎都处在安全感缺失的状态下。再加上3岁孩子大多要进入幼儿园，这种环境的变化对于3岁宝宝来说是一个巨大的挑战，更加剧了孩子的不安全感。所以很多原本很有安全感的孩子，到了3岁也会出现恋物等问题。

【解决方案】

发现孩子恋物，父母可以这样做：

（1）如果孩子只是上幼儿园需要带上自己的物品，那就尽可以给孩子带上。等孩子熟悉幼儿园的环境了，孩子就会感到安心，进而会主动放弃恋物行为。

（2）父母一定要尽一切可能和孩子进行高质量的交流和沟通，这

才是消除孩子不安全感的最根本办法。多用肢体语言与孩子交流，如，经常性地拥抱，这样会给孩子积极的暗示：妈妈很爱我，我很安全。

（3）对于恋物比较严重的孩子，可采用转移注意力法来纠正。比如，睡觉前可将孩子一定要抱着的娃娃放在柜子里，告诉孩子娃娃在里面睡觉，等你醒了以后，娃娃就会来找你的。如果孩子不高兴，可以给孩子一个新的娃娃。经常换不同的娃娃给孩子，孩子就会逐渐改掉只依恋某一个物品的习惯，变成哪个都行。

【误区警示】

孩子恋物，父母千万不要这样做：

☆感到事情很严重，并坚决制止孩子。其实3岁宝宝恋物很正常，即使孩子非常固执，上面的解决方法都没有效果，也没必要大惊小怪。让孩子在不损害健康的前提下依恋吧，等到孩子渡过了这个时期，自然就好了。当然前提是父母每天都陪伴孩子，给孩子安全感。

☆采用强硬手段，让孩子与依恋物分开。有些家长在孩子的依恋物上涂抹辣椒，这种行为会加重孩子的不安全感，对帮助孩子纠正恋物行为没有帮助。

敏　感

【释义】

与人相处时，孩子因不适应外在刺激而表现的一种情绪反应，如生气、哭闹等。

从心理学角度来看，敏感与害羞都是孩子与生俱来的个性特征。

通常，敏感的孩子自尊心很强，对外在的刺激比较敏感，有较强的情绪反应，但情感十分丰富。

【典型表现】

敏感的孩子往往更容易感受到外界的变化。如幼儿园换了一个新老师，敏感的孩子往往更容易表现出不适应。

敏感的孩子往往对负面评价更加敏感，如表现出哭闹等，还有的孩子会因为批评而赌气不吃饭。

敏感的孩子往往更情绪化，在与同伴相处的过程中，经常因为感到委屈、焦急而哭闹。

敏感的孩子多心思细腻，会察言观色。如，父母大声说话，孩子就会觉得是生气了。

【多发情形】

在感到紧张时更加多发。比如刚刚上幼儿园的孩子，因为环境的突然变化，情绪一直处于紧张状态，这个时候就会更加敏感。

有些孩子在陌生人面前更加敏感，比如不敢大声说话，甚至躲在角落里不出来，等等。

【错误成因】

孩子敏感，除个性原因外，还有以下几个原因：

（1）父母溺爱或经常遭受批评。很多家长溺爱孩子，什么都顺着孩子，长此以往，孩子就听不得批评，遭到批评就哭闹生气。另一个极端是生活在高压环境下的孩子，由于遭受非常多的批评，孩子生怕自己再出错，就谨小慎微，进而变得敏感。

（2）适应能力差。有些孩子由于各种原因，对新环境的适应能力很差，一旦环境变化，孩子就会感到紧张，进而变得敏感。

（3）安全感缺失。很多家长忙于工作，对孩子不加理会，就会导致孩子的安全感缺失。尤其是 0～1 岁，是孩子与父母建立依附关系的重要时期，如果父母因为各种原因未能充分陪伴孩子，孩子就会安全感缺失。要注意这种缺失是不可逆的。即使在日后花费更多的时间陪伴孩子，也不能弥补这一点。婴幼儿时期安全感不足的孩子，往往形成敏感多疑的个性。

【解决方案】

帮孩子"脱敏"，可以采取以下方法：

（1）父母要注意给孩子营造一个自由、轻松的成长环境。在孩子面前不生气不吵架，不要抱怨并急躁生气。批评孩子时不要过于严厉，轻柔地指出孩子的错误即可。尊重孩子，倾听孩子，严禁体罚孩子。

（2）平时多带孩子参加户外活动，尤其是孩子适应环境的能力差时，家长更要这样做。户外活动可以开阔孩子的眼界，增加孩子与陌生人接触的机会，同时还可以锻炼孩子的体能、胆量、忍耐、不畏艰苦等好品质。这些都对孩子的成长有好处。

【误区警示】

对敏感孩子，父母不要这样做：

☆对孩子的情绪化不耐烦，表示失望。这样会加重孩子的敏感。

☆因为怕孩子不高兴就不批评。即使孩子敏感，也不能放弃批评这个教育方法。但是对于敏感的孩子，家长更要注意批评的方式方法。

好 动

【释义】

好动是指孩子因探索欲强、自控力差或精力不集中以及兴趣不固定而引发的行为。表现为非常活跃、坐不住、精力过于旺盛。

【典型表现】

只要睁开眼睛就一刻不停，不是爬高上梯，就是东翻西找。

还有些孩子表现为做事情没有耐心，注意力不集中，一会儿做这个，一会儿弄那个，没有一个能做完做好。

【多发情形】

性格外向开朗的孩子，更加容易表现为好动、精力旺盛。不管是在家里玩玩具，还是在户外运动，性格开朗的孩子往往更加让人"不

省心"，一刻看不到就不见人影了。

探索欲强的孩子，也更加好动。他们往往为了寻找某种现象的原因而做很多实验，这个过程在成人看来就是多动。

【错误成因】

从成长心理学来看，3岁孩子好动是非常正常的，也是这个阶段孩子的气质特征。3岁孩子多情绪不稳，注意力和兴趣容易转移，做事常常不够专心，这就导致他们的行为表现为好动、多动。

【解决方案】

3岁宝宝活泼好动是正常的，但由于3岁正是孩子学习和建立良好习惯的重要时期，这个时期家长要注意想办法延长孩子注意力集中

的时间，培养孩子做事情耐心不潦草的习惯，建立把一件事情做完再做另外的事情的习惯。

具体可这样做：

（1）和孩子玩"木偶人"的游戏。具体做法是：一边蹦蹦跳跳，一边一起喊："我们都是木偶人，不会说话，不会动!"话一说完，就立即静止不动，也不讲话保持原状。谁要是先动了，谁就输了。这个游戏既好玩，又可以锻炼孩子的自控力。

（2）如果孩子既想玩这个玩具，又想玩那个玩具的时候，家长可以和孩子商量，一起制作一个玩游戏的时间表。比如先玩小熊5分钟，再玩橡皮泥10分钟，最后再画画。让孩子在固定的时间里，集中精力玩一种玩具。制定时间表，不但能够帮助孩子集中注意力，还能养成规律做事的习惯，对于日后的学习和生活都有很大的帮助。

【误区警示】

面对好动的孩子，父母千万不要这样做：

☆打骂孩子。3岁宝宝还不能控制自己的情绪，家长一定要给孩子多一点自由和空间，让孩子自由成长。

☆动不动就怀疑孩子得了多动症。孩子是否患有多动症要去专业机构进行详细、系统的测评，不要动辄怀疑，甚至给孩子贴上标签，这样对孩子的成长不利。

搞破坏

【释义】

搞破坏是指孩子因好奇心强、探索欲强而产生的破坏行为。比如拆卸物品、摔打东西等。这样的孩子往往被家长认为是"破坏大王"。

【典型表现】

这种行为一般发生在孩子对某个物品十分好奇和感兴趣时。如新买的会发声发光的玩具或者家里的钟表，等等。因为想不明白这些东西为什么会发声发光，或者钟表为什么会走动不停，就想动手拆开看一看。这种探索行为往往导致物品被破坏。

【多发情形】

这种情形一般发生在父母不能完全解答孩子的疑问时。比如孩子想不明白钟表为什么会走动不停，孩子就会向家长询问。如果家长解答得不清楚，或者家长的解答孩子仍然不明白，孩子为了自己找到答案就会把钟表拆卸开来。

【错误成因】

孩子爱破坏除了好奇心强以外，还有其他原因，具体分析如下：

（1）觉得好玩。如，将家中的挂历撕下来叠飞机；踩坏奶奶菜园中的菜苗；用刀、笔在墙上、桌上乱刻乱画；把娃娃身上漂亮的裙子给脱了等。

（2）经验不足。3岁宝宝已经有了帮忙的想法，但由于经验不足，往往帮了倒忙。比如吃饭前帮妈妈拿碗筷，结果不小心把碗摔在地上。

孩子本意是想帮父母，出发点是好的，但由于经验不足或能力有限，结果就成了父母眼中的破坏大王。

（3）模仿的结果。3岁孩子正是喜欢模仿的年纪，此时，父母做什么，他就模仿做什么，如，家里的收音机坏了，他某一次看到爸爸拆开了，于是爸爸不在时，他会模仿他将收音机拆开，但由于能力有限，却装不上了。

【解决方案】

发现孩子爱拆东西，很多父母会打骂孩子，其实不如设法引导孩子：

（1）当父母看到孩子拆玩具时，可蹲下来与孩子一起拆，拆完后，告诉孩子机器中有哪些零件，为何会动。之后，再教孩子把拆开的玩具恢复原样。这样做就能在"破坏"——探究——复原的过程中，满足孩子的探索欲。

（2）父母在给孩子买玩具时，可买那些拼插、组合玩具，因为这种玩具比较容易拆装，既能满足孩子的探索欲，能让孩子体会创造的快乐，又能培养其动手能力。

（3）教给孩子一些安全常识，如，明确告诉孩子，电器、药品不能乱摸乱尝。这样既能正确引导孩子的好奇心，又能帮助孩子树立安全意识。

【误区警示】

发现孩子"搞破坏"，父母不要这样做：

☆严厉地批评孩子。如，"再把玩具拆了，下次就不给你买了。"这样很可能会打击孩子的探索欲。

☆不加理会。孩子的破坏行为是为了弄清事情的真相。家长如果不加理会，孩子即使拆开了物品也难以找到原因。而且在拆卸的过程中，还可能会危害孩子的安全。所以，和孩子一起拆会比孩子一个人拆更加安全和有效率。

胆 小

【释义】

　　胆小是指孩子过于害怕有威慑力的事物而不敢面对，不能自拔。做事畏缩、顾忌。

　　经过统计和研究发现，3 岁宝宝比小的时候害怕的东西更多了。不但害怕大的噪声，还害怕很多根本不值得怕的东西，比如蚂蚁、苍蝇等。这是因为 3 岁宝宝的内心，已经开始建立"判断"机制，开始判断哪些东西是安全的，哪些东西会伤害到自己，进而采取的防御行为。

【典型表现】

　　突然听到很大的声音，孩子会惊慌地跑到父母身边。有时甚至家人突然地大声说话，也令孩子感到惊慌失措。

　　见到陌生人时不敢大声说话，甚至要求躲在角落里。陌生人一离开，就又变得轻松活泼起来。

　　对一些小动物感到害怕，甚至只是看到这些动物的图片也感到害怕，比如蜘蛛、苍蝇、恐龙、鳄鱼，等等。

【多发情形】

　　在孩子感到不安时，这种情形更加多发。比如到了晚上，很多孩子不敢一个人去洗手间，甚至要求开灯睡觉。

　　在雷雨天，孩子会变得格外黏人，对轰隆隆的雷声和明亮的闪电感到恐惧。

　　如果孩子被蚊子咬过，或者看

到别人被小狗咬伤，孩子就会对这些小动物感到害怕。即使孩子看到的只是电视上的镜头，也会感到害怕。

【错误成因】

3岁孩子胆小要从以下几方面来分析：

（1）敏感。个性敏感的孩子，对于突然的大声，或者外界环境中的不安全因素感知比较敏感，甚至有些夸张。所以敏感的孩子往往更容易怕这怕那。

（2）1~3岁的幼儿正在学习区分"我"和"我以外"的事物，正在学习"我"和周围环境怎么相处。但如果外出时间太少，就会对外界陌生的环境感到害怕。

（3）有些父母看到小虫等大惊失色，就会给孩子"这个东西很可怕"的暗示，原本不怕的孩子看到爸爸妈妈怕成这样也会感到害怕，进而避而远之。

（4）经常用刺激性语言吓唬孩子的家长，往往发现孩子长大了也非常胆小。如果你经常讲鬼怪躲在黑暗处，孩子就会天黑不敢出门；如果你讲有皱纹的老奶奶会抓住小孩子吃掉，孩子一见到有皱纹的老人就会害怕得不敢说话。

（5）孩子胆小，也与父母的过度保护有关。如，孩子一害怕就把孩子紧紧地搂在怀里千哄万哄，这样反而会助长孩子的恐惧心理。

【解决方案】

如果孩子胆小，家长可以这样引导：

（1）如果孩子害怕某种动物，家长可和孩子一起看相关的动画片或者科普图书，让孩子增加对这种动物的了解。此外还可以带孩子去动物园亲近这种动物，告诉他只要不去伤害动物，即使是鳄鱼、老虎也不会无故伤害人。

（2）用平常心对待。孩子怕这怕那时，家长可装作不知道，像平时一样对待孩子。比如孩子怕陌生人时，家长可与平时一样，鼓励孩子和陌生人打招呼，帮忙拿水果点心，并且当着陌生人的面正式介绍孩子，并为孩子好的表现表扬他。这样会给孩子一个暗示，陌生人其实与平时到家里来的客人一样，没有什么可怕的。而且家长当着客人的面表扬孩子，客人一般也会随声附和着表扬，客人的表扬也对消除孩子的恐惧心理有利。千万不要因为知道孩子害怕某种东西，就竭力避免孩子面对这种事物。

（3）不要吓唬孩子。不管任何时候，都不要吓唬孩子。孩子一般在2岁左右就会对黑暗感到害怕，这个时候有的家长为了逗孩子会开玩笑说黑暗里住着可怕的魔鬼，或者大灰狼，并不时拿出来吓唬孩子。这对孩子的成长非常不利。当发现孩子对陌生事物感到害怕时，明确、权威地告诉孩子陌生事物到底是怎么样的，并对着书籍、图片向孩子详细解说，孩子就会消除对陌生事物的恐惧。

【误区警示】

发现孩子胆小，父母千万不要这样做：

☆骂孩子是胆小鬼。这样会给孩子不良的心理暗示，使孩子感到自卑，对孩子的成长不利。

☆一味鼓励孩子勇敢面对自己害怕的事物。很多家长经常用"勇敢些"来鼓励胆小的孩子，这样会让孩子感到如果自己做不到就"不勇敢"，就不是"小勇士"，会对孩子造成消极的暗示。对孩子的恐惧行为（不管恐惧的原因是什么）表示理解，再帮助孩子建立对这些事物的正确认识，这样才能帮助孩子战胜恐惧心理。

怕洗澡

【释义】

父母在给孩子洗澡时，孩子因有惧怕心理而产生的一些行为，如哭闹、躲藏等。孩子哭闹、躲藏的目的不是抗拒洗澡，而是在抗拒其过程中的不适感。

【典型表现】

有些孩子对洗澡这件事非常排斥。一听到洗澡就哭闹、磨蹭，甚至躲藏。

还有些孩子只对洗澡的方式排斥，比如排斥淋浴、与父母共浴，等等。如果采用孩子喜欢的方式，孩子还是能够完成洗澡的。

【多发情形】

这些行为在孩子以前洗澡时曾经发生过意外的情况下，更加多发。

如，孩子在洗澡时，曾经跌倒过；或者在洗头发时，水流进眼睛里，这会让孩子感觉不舒服。

此外，如果洗澡的环境或方式发生了变化，孩子也会害怕洗澡。如，突然被带到公共洗澡间洗澡，孩子看到那么多人，就会产生惧怕心理；原来一直使用盆浴的孩子，突然被要求淋浴，喷头直接喷出的水冲在身上会令孩子感到不适，进而产生惧怕心理。

【错误成因】

孩子怕洗澡，一般有以下几个原因：

（1）感到不适。水温过热、过凉都会令孩子感到不适；不习惯淋浴的孩子被喷头的水直接淋到也会感到难受；洗澡的过程中水流进了眼睛里，孩子会因为不敢睁开眼睛而害怕；洗澡时摔倒了，也会令孩子对洗澡这件事感到本能的害怕。

（2）感到无聊。洗澡时间比较长时，孩子会因为感到无聊而不愿意洗澡。

（3）对水感到恐惧。听了被水淹等情节的故事后，很多孩子会感觉水是可怕的东西，进而不敢洗澡。

【解决方案】

孩子怕洗澡，父母可采用以下方式解决：

（1）给孩子一些可以在洗澡时玩的玩具，既可以增加洗澡的乐趣，还能分散孩子的恐惧心理。

（2）尽可能用孩子乐于接受的方式洗澡，比如孩子接受盆浴，害怕淋浴，那就尽可能让孩子盆浴。在游泳馆等公共场合不得不淋浴时，淋浴前家长也要先和宝宝说好，这次因为是在公共场合，所以不得不淋浴，但是爸爸或妈妈会尽量保证水不会直接喷到孩子身上。事先说明可以让孩子做好心理准备。在洗澡的过程中，家长可以给孩子身上披上毛巾再冲水，或者给孩子戴上洗澡专用的防止眼睛进水的帽子，这样可以让孩子感到不那么恐惧。

（3）让孩子对水有正确的认识，并且对孩子洗澡后的结果进行赞扬，这样会帮助孩子战胜对水的恐惧。

【误区警示】

当孩子怕洗澡时，父母切忌这样做：

☆训斥孩子。家长的斥责会令孩子更加紧张，进而更加恐惧。

☆硬拉着孩子去洗澡。这种做法也会令孩子更加恐惧，对于消除孩子的恐惧心理不利。

怕 黑

【释义】

在日常生活中，孩子因胆小或不熟悉环境等原因，对黑暗所产生的一种恐惧反应或不良行为。这种恐惧反应可表现为惊慌、惊叫、退缩等。

【典型表现】

当孩子身处黑暗时，孩子会感到紧张，如紧拉大人的衣角、不敢去没有开灯的房间、在黑暗的环境里哭闹等。通常，将孩子带离黑暗的环境，孩子就会变得轻松。

【多发情形】

孩子看过恐怖的动画片或者和黑暗有关的恐怖故事时，这种行为更加多发。此时孩子不是怕黑暗，而是害怕"躲藏"在黑暗中的怪兽、鬼怪等。

【错误成因】

孩子怕黑，多与父母教养方式不当有关，具体分析如下：

（1）经常杜撰鬼怪等吓唬孩子，孩子就会因为害怕鬼怪，进而害怕黑暗。

（2）在黑暗的环境中处罚过孩子，如将不听话的孩子关在黑暗的地方，如小房间、厕所等，不习惯独处的孩子会因此而害怕。

（3）如果父母胆小，如妈妈就怕黑，经常大惊小怪或尖叫，孩子会进行负面的模仿，进而怕黑。

【解决方案】

对未知世界感到恐惧，是一种正常的情感反应，是人类自我保护的一种手段，一般不需要特别去纠正。如果孩子的怕黑行为太过于强烈时，家长可以采取以下方式进行引导：

（1）发现孩子怕黑时，如行走于黑暗的地方，可拉着孩子的手，或给孩子讲故事，或唱歌。因为这样可分散孩子的一些注意力，不让孩子瞎想。

（2）如果孩子因为怕黑而不敢单独睡觉，可在孩子睡前陪孩子一会儿，同时，要给孩子的房里置一盏卡通造型夜灯，可以让孩子开灯睡。这样，孩子就不会因怕黑而不敢独睡了。睡前抱抱孩子，抚摸下孩子额头、后背，这样做可以增加孩子的安全感，有利于帮孩子消除恐惧的心理。

（3）与孩子玩捉迷藏的游戏，玩游戏时，妈妈可藏到黑暗的地方，

让孩子去找。当孩子找到妈妈后，妈妈可告诉孩子这很安全，可让孩子与妈妈在黑暗的地方待会儿。这样，时间长了，孩子就不会怕黑了。

（4）给孩子讲黑暗是怎么形成的。可以和孩子玩"看看黑暗里有什么"的游戏。可以先打开灯，让孩子看看有光线的时候这里有什么，没有光线的时候这里有的还是同样的东西，而这些东西是不可怕的。

【误区警示】

如果自己的孩子怕黑，父母切记不要这样做：

☆说孩子是"胆小鬼"或"不勇敢"。这种给孩子贴标签的行为只会让孩子更退缩。

☆强行关掉孩子床前的灯。这种粗暴的强迫只会加重孩子的不安全感，加重惧怕心理。

慢吞吞

【释义】

慢吞吞是指孩子做事情非常慢，尤其是做不愿意做的事情，往往磨蹭、动作缓慢、边做边玩。

【典型表现】

一件事情，妈妈喊了几次，孩子都磨磨蹭蹭不做。即使做也是慢吞吞，进展缓慢。

做事情时注意力不集中，边做边玩，导致进展缓慢。

【多发情形】

在孩子不愿意做这件事情时，更加多发。比如不愿意吃饭，或者已经吃饱了，家长还强迫孩子把碗里的饭吃光，孩子就会慢吞吞，应付差事。

在孩子知道即将要做的事情是自己不想做的事情时，更容易磨蹭、慢吞吞。如孩子知道早上要上幼儿园，为了延长出发的时间，就赖床、慢吞吞地洗脸刷牙、磨磨蹭蹭吃早餐、懒洋洋走路。

【错误成因】

孩子动作慢，一般有以下原因：

（1）3岁宝宝骨骼、肌肉、神经系统发育不完全，手眼脑协调性差，许多事都是做得不够熟练，所以，节奏就相对慢一些。如穿衣服笨手笨脚、吃饭速度缓慢，等等。

（2）有些孩子天生是慢性子，对外界反应较慢。如其他孩子看到妈妈下班回来了，就会马上跑过去，而慢性子的孩子，可能会先看一会儿，然后再跑过去。慢性子的孩子通常行事都慢吞吞的。

（3）3岁孩子集中注意力的时间很短暂，易被其他东西吸引。如，本来准备洗手，但看到水流到下水口觉得好玩，就不自觉玩起来，所以洗手的时间就变得非常长。

【解决方案】

对于慢吞吞、爱磨蹭的孩子，父母可以尝试如下方法，来帮孩子加快做事的速度：

（1）多给孩子锻炼的机会。如，让孩子自己起床、穿衣服、穿鞋子。对这些事情熟练了，自然做事速度就快了。

（2）立点规矩。如规定孩子半个小时内吃完早餐，超过时间就坚决收起食物。孩子五分钟内洗不完

脸，就收起脸盆。孩子为了不挨饿，不脏着脸出门，就会快点吃饭、洗脸。

（3）比赛法。父母可与孩子进行洗脸比赛、穿衣服比赛、走路比赛。3岁宝宝好胜心很强，为了第一名一定会加快速度的。

【误区警示】

对于爱磨蹭的孩子，家长最好不要有如下的做法：

☆对孩子指手画脚或训斥。这样做会让他有紧张或恐惧心理，更难以集中精力做事，这样做事速度就会慢许多。

☆由着孩子性子来。这样会让孩子误认为慢吞吞的行为是正确的。

拒上幼儿园

【释义】

很多刚上幼儿园的孩子，因不适应环境或分离焦虑等而出现哭闹、拒绝的不良行为。

【典型表现】

早上起床第一句话就是"今天上不上幼儿园"，在获得肯定的答复时，明显感到情绪低落、失望。在送孩子去幼儿园的路上，孩子表现出抗拒，拒绝走进幼儿园大门，拒绝妈妈离开，等等。

【多发情形】

在孩子刚刚开始上幼儿园的时候，更加多发。因为环境的不适应、感到不安、分离焦虑等，孩子会拒绝上幼儿园，而且表现非常强烈。

幼儿园老师刚换时，孩子也会因为熟悉的人的离开而出现短暂的不适应，并且拒绝。

【错误成因】

孩子为什么拒绝上幼儿园呢？

（1）从儿童成长特点来看，3岁孩子处于秩序的敏感期。此时，孩子习惯了家庭教养的秩序，上了幼儿园之后，原有的旧秩序被打乱了，新秩序还没有建立起来，就会让孩子产生不安。

（2）孩子原来居住环境单一，接触事物少，如，家中本来就爷爷、奶奶、爸爸、妈妈，而一上幼儿园，见到那么多人，还要从个体活动过渡到有规律的集体活动，肯定会心理不安，甚至恐惧。

（3）孩子上幼儿园前，生活得

比较随意，如，想何时起床就何时起，但上幼儿园后，要天天早起，这种新的作息时间与生活规律，让孩子难以适应，从而产生不安情绪。

（4）上幼儿园前，有的孩子与妈妈在一起的时间较长，对妈妈有一种很深的依恋感。但上幼儿园后，孩子必然要与妈妈分开，而一离开妈妈，孩子肯定会焦虑不安，这种分离焦虑，更让孩子感到恐惧，以至哭闹。

【解决方案】

对孩子拒绝上幼儿园的行为，家长不妨尝试以下方法：

（1）提前带孩子参观幼儿园，熟悉老师与环境。如有必要，孩子上幼儿园初期，妈妈可每天陪孩子几个小时，直到孩子与小朋友玩熟为止。因为这样可早日实现孩子心理秩序的过渡，让孩子对幼儿园有安全感，就不会不安了。

（2）孩子刚上幼儿园时，妈妈一定准时来接孩子。回家后，要与孩子多聊幼儿园的事。询问他在幼儿园发生了哪些好玩的事，有哪些好玩的玩具，分享他的快乐。这样

会令他感到安心。

（3）每天上幼儿园前，可让孩子带些喜欢吃的零食与玩具，在他哭闹时，可让老师给他。这样就可分散他的注意力，不会在妈妈离开后哭太长时间。

（4）如果孩子生活能力差，如，自己不会吃饭，父母要与老师沟通，让老师多照顾孩子。这样也可让孩子早日建立安全感。

【误区警示】

如果孩子一上幼儿园就哭，父母不能这样做：

☆一看到孩子哭，就不送孩子去幼儿园了。这样做会延长孩子适应幼儿园的时间，不利于孩子的心理过渡。

☆当老师接过宝宝后，父母不马上离开，或孩子在里面哭，父母在外面哭。这会加重孩子的不安，认为幼儿园是可怕的地方，要不妈妈怎么也哭了。送孩子到幼儿园后微笑着和孩子再见，并告诉他吃过晚饭爸爸妈妈就来接他回家，这会令孩子感到安心。

吮 手

【释义】

吮手是指一些孩子在感到紧张、无聊、烦躁、缺少安全感等时不自觉地吸吮手指的行为。

吸吮手指是婴幼儿常用的行为，源于口唇敏感期，通常在两三岁时逐渐消失。但有些3岁宝宝甚至更大的孩子，在有不良情绪时也会出现这种行为。

【典型表现】

在遭到家长或老师批评时，有些孩子就会吸吮手指。

在感到无聊时，或者对目前正在从事的活动提不起兴趣时，也会不自觉地吸吮手指。

【多发情形】

这种行为在孩子独处时，更多发。如父母忙于其他事情，很少有时间关注孩子，孩子就会有事没事地吮手。

【错误成因】

吮手行为源于口唇敏感期。成长心理学认为，婴幼儿通过吃手、啃玩具等行为，有意识地触摸周围的一切，对其大脑的发育、肢体肌肉的锻炼很有帮助，此时他的吮吸行为是无意识的。但两三岁宝宝的生理与心理发展使得他们开始采用更加合理的探索手段，所以吮吸行为会逐渐消失。但如果3岁宝宝仍有吸吮手指的行为，家长就需要给予一定的干预，以免孩子形成不良习惯。

孩子爱吃手，通常因为如下

原因：

（1）3岁宝宝还不能正确处理心中的不良情绪，在感到紧张、恐惧、不安、无聊、委屈、沮丧时，为了排解心中的压力，就会本能地吮吸手指。

（2）有些孩子为了吸引家长的注意，而吸吮手指。尤其是那些经常被忽视的孩子，为了引起家长的注意，会故意在家长面前吮吸手指。

【解决方案】

对3岁宝宝吸吮手指的坏习惯，家长可尝试以下几种方法：

（1）告诉孩子手上有我们眼睛看不见的细菌、病毒，吸吮手指会把细菌、病毒吃到肚子里，那样就会生病。所以不想生病的话，就不要吸吮手指。

（2）告诉孩子有不良情绪时要告诉爸爸妈妈，并教会孩子常用的表达情绪的语言以及词汇。在孩子正确表达了自己的不良情绪时，家长要尽可能用身体接触的方式安抚宝宝，帮助孩子排解不良情绪。这样就帮助孩子形成了正确的宣泄情绪的渠道，对于孩子的成长非常有利。

（3）尽量不让孩子感到无聊、寂寞。有时间，父母可以带孩子去公园或有孩子的朋友家做客，让孩子与其他孩子玩耍。

【误区警示】

发现孩子爱吃手，父母不能这样做：

☆打孩子的手。不管什么情况下，粗暴地强行阻止孩子，都是不对的。

☆由着孩子来。吮手会影响孩子的身体健康，导致疾病。

黏　人

【释义】

黏人是指 3 岁宝宝因为依恋心理、独立性差、安全感差，而引发的对于家人，尤其是妈妈，超出寻常的依赖和眷恋。比如不允许妈妈离开自己的视线，只要妈妈在就黏在妈妈身上等，甚至拒绝与陌生人或者同伴接触。

从成长心理学角度来看，婴幼儿对于母亲的眷恋是正常的，三四岁的孩子更喜欢母亲陪伴也是非常正常的，直至满 5 岁，90% 的孩子才能对母亲的离开坦然处之。所以，3 岁宝宝的依恋是成长的必然，而且适度的依恋有助于孩子建立自我信任感。

【典型表现】

即使已经熟悉了幼儿园，在妈妈离开的瞬间，孩子还是感到难过。

有些孩子没有母亲的陪伴就难以入睡。

一些安全感差的孩子，强烈要求母亲每时每刻陪伴自己，不能接受母亲离开自己的视线。

【多发情形】

在孩子婴幼儿时期，妈妈一个人照顾孩子的日常起居，这样的孩子长大后更加容易出现黏人的行为。

在孩子感到紧张、不安时，孩子更容易出现黏人行为。比如刚刚上幼儿园的孩子，在很长一段时间内都要求妈妈时刻陪伴自己，即使放学后和妈妈在一起时，也不能接受妈妈离开自己的视线。

在孩子受到较大刺激时，更容

易出现黏人行为。比如从高处摔下来受伤时，或者妈妈没有告诉孩子"偷偷"出差归来后，孩子更容易出现黏人行为。

【错误成因】

3岁宝宝的黏人行为，一般有以下原因：

（1）孩子在成长的过程中，如果只有一个人照顾，很容易对这个人感到安心，而排斥其他人，甚至与其他家庭成员相处时也感到不安。所以就会出现只黏一个人的情况。

（2）突然带孩子到陌生的环境中，孩子因为对周围的环境感到陌生，对周围的人感到不安，就会出现黏人的行为。比如带孩子去朋友家做客，孩子因为感到不安而时刻缩在爸爸妈妈怀里。

【解决方案】

孩子爱黏人，父母可设法培养孩子的独立性与自信心：

（1）在孩子的成长过程中尽可能让所有家庭成员都参与照顾孩子。尤其是爸爸，不要把照顾孩子日常起居的事情完全交给妈妈。让所有家庭成员照顾孩子，孩子就不会出现只黏一个人的情况。

（2）在孩子的成长过程中，一定要多带孩子外出活动，创造更多机会，让孩子了解外面的世界，见识更多的人，结识更多的同伴，这样孩子长大后就不会对外面的环境感到不安，进而避免黏人情况的发生。

（3）爸爸妈妈外出时，不要怕孩子哭而"偷偷摸摸"，正面告诉孩子自己现在要外出，并告诉孩子回来的时间，孩子就不会因为找不到爸爸妈妈而感到不安。

【误区警示】

对孩子的黏人行为，父母千万不要这样做：

☆感到厌烦，并因此批评孩子。这样做只会加重孩子的不安，对于纠正孩子的行为没有任何帮助。

☆外出时，总是偷偷地走。这样会加重孩子的不安，反而更加黏人。

害怕交往

【释义】

害怕交往是指孩子因为胆小、不敢尝试、没自信等原因，害怕与人交往，甚至害怕与同龄人交往的行为。

【典型表现】

有些孩子很想和小朋友玩，但看到对方玩得热闹，却缺少勇气参与，自己一个人偷偷在一边玩。

【多发情形】

性格内向的孩子，往往会出现不敢与同伴交往的行为。

在与同伴玩耍时受到过伤害的孩子，往往会因为曾经有过的不愉快的交往体验而出现不敢交往的障碍。

【错误成因】

孩子出现交往障碍，一般有如下原因：

（1）性格原因。内向、害羞的孩子，往往羞于主动和陌生孩子搭讪，于是就出现了交往障碍。敏感的孩子，往往在与小朋友搭讪前，先想对方会不会不接纳自己，会不会欺负自己等，想太多了，就会产生不敢与人交往的恐惧心理。

（2）被过度保护的孩子。很多家长对孩子过度保护，怕孩子与同伴一起玩时受到欺负，尤其是孩子受到欺负后，就不断告诉孩子不要和别的孩子玩，他们会打你。长此以往，孩子就会对同伴产生恐惧心理，进而出现社交障碍。

（3）语言表达能力差的孩子。有些孩子语言表达能力差，想与别的孩子玩时，不知该怎么表达。加之 3 岁宝宝自尊心都很敏感，一旦对方不理会自己的请求，孩子就会感到受了伤害，进而出现交往障碍。

【解决方案】

孩子出现交往障碍，家长可做如下引导：

（1）给孩子找个"保镖"。发现孩子胆小，不敢与其他孩子交往，家长可给孩子找个"保镖"，如经常与自己的孩子一起玩的大孩子。如果找不到父母就亲自上场，陪伴孩子与陌生孩子一起玩。这样可增强孩子的自信心和安全感，消除交往障碍。

（2）父母可与孩子玩问路等游戏。这些游戏可帮助孩子锻炼语言表达能力，也可帮助孩子熟悉与同伴交往时，可能会遇到的场景，学习社交经验，从而让孩子变得自信。

（3）先从孩子熟悉的同龄人开始。对出现交往障碍的孩子，家长可从孩子熟悉的同龄人开始，帮助孩子重新建立交往的信心。比如请孩子幼儿园的小伙伴到自己家里玩，请朋友或同事家的孩子一起去游玩等。从孩子感到熟悉的同龄人开始，可以帮助孩子重建交往的信心，进而扩大到陌生的孩子。

【误区警示】

孩子不敢与小朋友交往，父母不可这样做：

☆过度保护，不让孩子出门。这样会使孩子独立性差，更加不敢与小朋友交往，不利于发展孩子的交际能力。

☆贬低孩子，骂孩子"窝囊"。千万不要这样做，因为 3 岁孩子尚不能自我评价，自己好不好全由大人说。如果孩子感觉自己被人视为"胆小鬼"，有可能就不愿再去尝试那些"胆大"的做法而维持"胆小"的状态。

固　执

【释义】

　　固执是孩子坚持己见、不能接受建议、不容易被说服的现象。孩子固执有两种：一种是无理取闹型；另一种是自我服务型，如孩子想要自己做一些力所能及的事情，比如穿脱衣服、洗脸、吃饭，等等。

　　从成长心理学角度分析，固执是孩子自我意识强、有主见、想独立的表现。孩子会在不断提出并坚持不成熟的自我主张的过程中，逐渐学会自我克制、关心别人等社交规则。

【典型表现】

　　对于父母的提议，一律说不，并按照自己的方式来。

　　个性固执的孩子，不管遇到什么事情，都会"死硬"地坚持自己的主张。如果父母强行让他做什么，如他不想洗脸，你强行给他洗，他就会哭闹不停，或你洗完后，他故意用手拿泥土往脸上涂。

【多发情形】

　　这种行为在孩子与父母相处，特别是孩子有不良情绪时，更易发生，有些孩子甚至无理取闹，比如非要吃一些已经变质的食物，等等。

【错误成因】

　　3岁宝宝固执，一般有如下原因：

　　（1）3岁宝宝已经有了自我意识，有了自己的想法和主见。如果这种想法和主见与父母的相左，孩子一般都会坚持自己的想法，结果就成了父母眼中的"小固执"。

（2）探索的表现。3 岁宝宝有很强的探索心理，看到新鲜的事物就想研究一番，如果父母怕孩子损坏物品，孩子必然会"固执己见"。在做同一件事情时，家长往往给了孩子"最好用"的方法，但是孩子对这件事有了一定的了解以后，就想用自己的办法去解决。比如洗手、洗脸等。这种探索行为，在家长看来就变成了固执。

（3）有些孩子固执、哭闹，是一种试探和威胁家长的行为，希望通过这样的方式，可以让父母答应自己想做的事情。

【解决方案】

3 岁宝宝固执，家长可用以下方式引导：

（1）给孩子自由的空间。3 岁宝宝想要做一些力所能及的事情，家长要"顺从"孩子的意愿，让孩子去做。比如穿衣、吃饭这样的事情。这样不但可以让孩子不再固执，还能培养孩子的自理能力。

（2）对无理取闹型固执的孩子，家长可冷处理。比如孩子非要去拿危险的物品，或者去做一些无理的事情，家长可明确指出这种要求不合理，然后走开，让孩子自己冷静一下。

（3）制定规则。让孩子做主的同时，也要为孩子制定相应的规则。比如几点吃饭，几点睡觉，等等。和孩子一起制定一个作息时间表，不但会让孩子感到受到尊重，还能让孩子自我约束自己。

【误区警示】

发现孩子固执，父母最好不要这样做：

☆强制孩子服从。这样既让孩子产生对抗心理，又有可能使孩子永远丧失主张自我的能力。

不好好吃饭

【释义】

不好好吃饭是指孩子在吃饭时，因贪玩或注意力不集中，而边吃边玩、家人喂才吃等不良行为。

【典型表现】

有些 3 岁宝宝吃饭时，不能坐在餐桌前，安静进餐，而必须边看电视边吃、家人喂一口就吃一口、食物含在嘴里很久不咽、挑食、追着喂饭才吃、边玩玩具边吃，等等。

【多发情形】

这种行为在家时比较多发，如在幼儿园，则比较少见。

孩子从小没有养成好的进餐习惯的话，也比较容易出现这些不良行为。

【错误成因】

孩子不好好吃饭，一般有如下原因：

（1）从小没有让孩子养成良好的吃饭习惯。如，从小就追着喂孩子吃饭、只喂孩子喜欢吃的饭菜、不按时让孩子吃饭等，长期如此，孩子必然会出现一系列吃饭问题。

（2）孩子没有建立饿和饱的概念。很多家长习惯在家里准备很多零食，一旦孩子饿了就拿给孩子吃。长期如此，孩子就没有饿和饱的概念，也没有定时定量吃饭的概念，就会出现只吃零食，不吃正餐的状况。

（3）家人溺爱所致。对孩子的进餐习惯等不加约束，孩子误以为吃饭是为了爸爸妈妈，结果导致对吃饭这件事兴趣不高。

【解决方案】

孩子不好好吃饭，家长要从根源入手，帮助孩子校正这个不良行为：

（1）不给孩子买零食，尤其是垃圾食物。因为这样才能避免孩子因多吃了零食而不吃主餐。

（2）固定开饭的时间和地点。如，每天中午11点半吃饭，大家都坐在餐桌前，安静进餐。不要边吃边看电视，更不要边玩边吃。

（3）吃饭时间也要有所限制。可以摆一个小闹钟在旁边，每个人只能用半小时时间吃饭，时间到了，即使没吃饱也不能再吃了。这会让孩子有紧迫感，避免边玩边吃等行为。

（4）给孩子准备自己的餐具并鼓励孩子自己吃饭。自己吃饭不但能增添吃饭的乐趣，也对孩子的自理能力有好处。

【误区警示】

孩子不好好吃饭，父母千万不能这样做：

☆严厉地批评孩子。给孩子树立正确的观念，告诉孩子吃饭应该是一件愉快的事情，与家人一起品尝美食，尤其是感到饥饿的时候，更是一件令人开心的事。所以，千万不要在饭桌前批评孩子，更不能因为孩子不吃饭而严厉地批评他。

☆孩子不吃正餐，怕孩子饿着，饭后给孩子开小灶。这样不利于孩子建立正确的进餐习惯，会加重不良习惯。

搞定
难搞的
孩子

PART2 4岁宝宝 →

4岁宝宝心理特点与认知发展

好奇、好动、好模仿、好被人称赞是这个年龄最显著的心理现象。

4岁宝宝非常好动，最喜欢向别人挑战，假如说"我不相信你会做"，他会真的做出来给你看。而他的身体发展尤其是小肌肉的发展更加显著，他的精细动作提高飞快，已经能够出色地完成剪贴、系带、画图等3岁时"不可能完成"的工作。

4岁宝宝情绪变化快，刚才还兴高采烈，转眼就生气懊恼。他很顽固，爱发脾气，不大理会别人的感受，自我意识非常强烈。

4岁宝宝对自己开始有一个整体的观念，以前认为手是手，脚是脚，并非自己的一部分，现在觉得除了手脚以外体验到整个身体，甚至会有"心"的存在。例如，两三岁时不知道母亲的意向，不管母亲心里想什么，但现在会察言观色。

4岁有惊人的想象力，有时根据他所编成的故事，使成人觉得他在说谎话。其实他对于事实和虚构的界线还分不清楚。

4岁宝宝非常健谈，而且很会表达。心里想的东西，他都能准确地表达出来。

爱告状

【释义】

受告状是指孩子在遇到问题时，不自己想办法解决，而是马上向父母或老师告状的行为。比如看到小朋友打架，不是上前制止，而是直接告诉老师。

心理学家认为，4岁孩子爱打小报告，是其独立处理问题的能力还不成熟的表现，也是成长过程中非常正常的现象。

【典型表现】

这种行为在孩子与父母或老师相处时，都有可能发生。

如，在家时，看到家里人做了"坏事"，马上就会向妈妈告状；在幼儿园，被别的小朋友欺负时，他们会通过告状来求得帮助。

孩子在告状时，通常都期待老师或父母能"站在自己这一边"，帮自己解决问题，甚至希望以此获得表扬。

【多发情形】

在任何情况下都很多发，尤其是自己被人欺负时，更加多发。比如被抢了物品，或者被打，孩子会向家长或老师告状。

当自己被家长批评不能有怎样的行为后，孩子一旦发现家里人有同样的行为，就会向妈妈告状。比如，妈妈批评孩子说不能长时间玩电脑，当爸爸打开电脑后，孩子就会向妈妈告状。

【错误成因】

孩子之所以爱告状，是由于以

下几种原因：

（1）独立性差。有些从小被过度照顾的4岁孩子，独立性还是很差，依赖心理比较严重，解决困难的能力较差，一遇到问题首先想到的就是寻求帮助。

（2）规则意识强。4岁孩子已经有了是非判断的意识，意识到某些行为是不良行为。尤其是父母为他立了一些规矩后，他就会对这些规矩很敏感，并乐于遵守、履行。但当他发现有人违背了他熟悉的规矩时，他就会特别关注，甚至生气，并向父母告状，检举破坏规矩的人。

（3）为宣泄不良情绪而"告状"。如，孩子的玩具被小伙伴抢走了，孩子感觉受了委屈，而向老师"告状"。这是孩子在宣泄心中的委屈、忧伤情绪。

【解决方案】

孩子爱告状，父母可尝试以下几种方法：

（1）及时安抚孩子的情绪。如孩子委屈地告诉妈妈别人抢了他的玩具时，妈妈首先要做的是安抚他，告诉孩子对方抢东西的做法不对。这样可以让孩子知道，自己的"努力"是值得的，有利于他的情绪稳定下来。

（2）尊重规则。孩子告状说有人破坏了规矩时，家长一定要本着尊重规则的原则行事。如当着孩子的面，让偷着吸烟的爸爸把烟都交出来，并说明抽烟是有害健康的。因为这样做能让孩子感觉到妈妈对于规矩的重视，从而更利于增强孩子的规则意识。

（3）鼓励孩子自己想办法去解决问题。帮孩子分析问题，如小朋友为什么抢他的玩具，和小朋友争吵是不是因为自己也做了不对的事情，如果想要回属于自己的东西应该怎么说。这样启发性的问题，可以帮助孩子思考，并自己想办法解决问题。

【误区警示】

孩子爱告状，父母千万不能这样做：

☆孩子一告状，家长就起身帮忙解决。比如孩子被抢了玩具，向家长告状，家长马上找到对方，向对方要回孩子的玩具。这种家长代劳的方法会使孩子自己解决问题的能力更差，并变得更加爱告状。

☆对孩子的告状行为不加理会或者表扬。家长不加理会的态度会令孩子感到难过，感情受挫；家长赞扬的态度会令孩子感到告状是对的，以后更加不自己动脑筋解决问题。

耍　赖

【释义】

在日常生活中，孩子因父母不满足自己的要求而哭闹，以此博得大人同情和首肯的行为。

【典型表现】

在想玩某个玩具或者想要父母给买某个物品时，如果父母拒绝，很多孩子会马上哭闹，甚至坐在地上打滚、跺脚、蹬地，以此"胁迫"家长同意。

【多发情形】

在家人对于孩子的同一个要求，态度不同时，更加多发。比如，孩子想边看电视边吃饭，爸爸妈妈不同意，但是爷爷奶奶同意了。这种情况下，孩子就会耍赖，希望爸爸妈妈也同意。

【错误成因】

4岁孩子爱耍赖，一般有如下原因：

（1）自我意识强烈，更加坚持自己的想法。4岁宝宝比3岁宝宝有更强烈的自我意识，一旦自己的要求被驳斥，4岁宝宝相对与3岁宝宝更加难以被说服，甚至以哭闹的方式来坚持。在父母看来这种坚持就变成了耍赖。

（2）溺爱。很多家庭溺爱孩子，从小对孩子有求必应，长此以往，孩子就会觉得凡是自己想要的，都应该得到，父母都不能拒绝。一旦父母拒绝，孩子就会"受到刺激"，进而以哭闹的方式来发泄。

（3）教养意见不统一。家人中对于孩子的教养意见不统一时，孩子也更容易在"偏袒"自己的一方面前耍赖。比如外出时，孩子不想自己走，奶奶就会背着孩子，孩子也会更乐于在奶奶面前耍赖。

【解决方案】

对 4 岁孩子的耍赖行为，父母可用以下办法解决：

（1）给孩子定好规矩。4 岁孩子有很强的规则意识，可以给孩子制定一些规矩。如吃饭时不能边看电视边吃；晚上 9 点必须准时上床睡觉；外出游玩时，只能买一个玩具，等等。有了规则，孩子一般就不会再耍赖了。

（2）给孩子提前打心理预防针。如，带孩子出去玩之前，先告诉孩子，出去玩肯定会感觉累的，累了的话可以告诉爸爸妈妈，咱们一起休息一会，但是不能让抱着、背着。这样会让孩子有个心理准备。孩子正玩到兴头上，你突然说咱们该走了，很多孩子会因为还没有玩

够而耍赖。这时不如提前十分钟和孩子说："再玩十分钟，我们就得走了。"这样就可以让孩子有个心理缓冲的时间。

（3）孩子坐在地上耍赖时，可不理他。对于 4 岁孩子来说，冷处理是非常好用的一种方式。

【误区警示】

孩子耍赖时，父母千万不能这样做：

☆欺骗孩子。比如，孩子想要买东西，家长为了息事宁人就骗孩子说没带钱包，但是在遇到自己心仪的物品时又拿出钱包去买，这样会让孩子有受骗的感觉，甚至会因此而不信任父母。

☆迁就妥协孩子的要求。有些家长心软，看着孩子苦苦"哀求"，于是就满足了孩子的要求。这种做法会强化孩子的不良行为，对成长无益。

以身涉险

【释义】

在日常生活中，孩子因好奇心、探索欲强或追求刺激，而故意碰触危险物品、进行危险游戏的行为。

成长心理学认为，4岁孩子爱冒险，是因为他们的长期记忆还未发展完全。如，父母告诉过孩子马路上危险，但情急之下，有些孩子还是会冲到马路上去捡球。

【典型表现】

爬高，并在危险的高处蹦跳。

玩螺丝刀、剪刀、钉子、锤子等危险物品。

【多发情形】

在父母明确告诉孩子某种东西危险不能碰的时候，孩子往往会趁家长不注意碰一下试试看。

在情急之下，孩子会忘掉家长告诉自己的一些常识。比如不要到马路上去，但是为了捡回自己的球，孩子还是跑到了马路上。

【错误成因】

孩子爱冒险，主要有以下几种原因：

（1）个性所致。有些孩子天生胆大，喜欢刺激和冒险的行为。同时，通过冒险行为，孩子可以多了解与认识世界。

（2）好奇心强。为满足自己的好奇心，就喜欢动一些危险的东西，如电器开关。

（3）侥幸心理。爸爸妈妈告诉孩子一些物品是危险的，不能摸。但是孩子偶尔碰触之后，发现并没有那么可怕，就产生了侥幸心理，认为上次剪刀没有剪到手，这一次也不会，进而就不把这些物品当做危险物品了。

【解决方案】

对于爱以身涉险的孩子，父母可采取以下措施：

（1）对于危险的物品和游戏，要和孩子一起制定出危险等级。如方头剪刀、螺丝刀、饮水机的热水口等，只要正确使用，是可以用的，但是必须在家长在的时候才能用，不能自己偷偷用；所有插座都是绝对危险的，千万不能将手指塞进去，也不能把纸条、牙签、小铁丝等东西塞进去，那样会被电到。

（2）体验法。让孩子感受一些危险物品之所以危险的原因，孩子自然会对它避而远之。如用剪刀模拟剪孩子的手指，告诉他不恰当使用剪刀会很疼；让他触摸温热的水杯，让他感觉"烫"；衣服产生静电的时候，让孩子摸一下，让他感受"电"。这样的体验会让孩子对这些物品产生警惕心，主动远离。

【误区警示】

☆不要过度保护。很多家长怕孩子受伤，什么都不让孩子碰。这样对孩子的探索非常不利。4岁孩子的手部肌肉越来越发达，精细动作越来越熟练，只要耐心教孩子，并在旁边监护孩子，孩子还是可以使用剪刀、螺丝刀、锤子等的。

☆不要一味责骂。比如宝宝在床上跳来跳去，你要告诉他万一摔在地上会很疼的。若是真的摔下来，千万别骂他，要边安慰他边告诉他这样做的危险。

自理能力差

【释义】

在日常生活中，孩子因依赖性强或缺少生活经验而不能自理的行为。

心理学家认为，独立性差的孩子多缺乏自己解决问题的能力。而从小培养孩子的独立性，对于他们的社会性发展具有重要意义，既可让孩子恰当地自我估计，又利于增强其自信心。

【典型表现】

对自己的事情仍然不知要从何开始做起，比如不知道早上起床后要洗脸、刷牙。

对简单的事情不知怎样做，如不知怎样穿衣服、穿鞋子，等等。

对于自己的事情常常依靠家人代劳，被迫自己做时，常常因为做不好而急躁。

【多发情形】

从小被过度照顾的孩子，往往自理能力差。

【错误成因】

孩子独立性差，主要是由于以下原因：

（1）过度照顾。从小家长对于孩子的事情处处包办呵护，处处代替，就会造成孩子依赖性强，独立性差，生活自理能力差，连简单的洗脸、穿衣等小事都做不了、做不好。

（2）不给孩子锻炼的机会。4岁孩子做事慢，自己洗脸或整理房间，要比大人慢很多。一些父母嫌孩子慢，或担心孩子操作耽误时间就不让孩子做这些事情，结果，孩子就会因缺少锻炼机会而变得独立性差。

【解决方案】

当父母发现孩子独立性差时，父母可采取以下措施：

（1）多给孩子锻炼的机会。如，让孩子自己整理玩具、书包，让孩子帮忙扫地，来客人时让孩子去洗水果。

（2）制定规则，自己的事情自己做，家里的事情大家一起做，谁也不能偷懒。还可以相互监督，谁偷懒没有做好自己的事情就要接受惩罚。这样可以让孩子感觉到自己

的责任，进而做好自己的事情。

【误区警示】

孩子独立性差，父母千万不能这样做：

☆不要处处包办、代替、指导。这样只会剥夺孩子的自主思考，而且处处指导还会令孩子感到受挫，进而打击自信心。

☆不要总是对孩子所做的事情说"不好"。这样做会令孩子失去自信，越来越难以独立。

☆当孩子说"我自己做"时，大人不要粗暴拒绝。即使这件事情孩子根本不可能做到，也可以请孩子讲讲自己的想法，甚至让孩子试试，失败后再和孩子一起寻找原因。

害　羞

【释义】

与人交往时，孩子因敏感或有胆怯心理而引发的一种社交障碍。

害羞是孩子成长过程中非常正常的一种表现，是其社交能力正在加强的表现。

据某项调查显示，有 1/5 的儿童天生就害羞，有一部分儿童有一段时间害羞，大约有一半儿童到 6 岁还害羞。

【典型表现】

有些孩子与父母之外的成人在一起时害羞，与小伙伴在一起时比较自在；有些孩子甚至与小伙伴一起都害羞得不敢与之交往。

通常，害羞的孩子多不爱说话、胆小、缺乏自信、没有主见。

【多发情形】

这种行为在孩子身处不熟悉的环境中时，更易发生。

有的孩子一见到陌生人就紧张，小脸涨得红红的，一个劲儿往大人身后躲。

有些孩子在公共场合会感觉不自在，比如在舞台上表演节目，会紧张得半天开不了口。

【错误成因】

孩子害羞，多是由于以下原因造成的：

（1）缺少社会交往。如有的父母嫌带孩子出门麻烦，从而很少带孩子出去玩。

（2）过度处罚。如当众批评孩子，不给孩子留面子，孩子就会感到紧张，进而产生不自信感，胆小、害羞。

（3）过度保护。父母过度保护孩子，事事代劳，就会压抑孩子自主性的发展，让孩子形成胆怯心理。而胆怯的孩子多害羞。

【解决方案】

4岁宝宝害羞，父母可用以下方法来引导：

（1）家里来了客人时，可让孩子做个小主人，拿糖果、递饮料，这样可给孩子提供与陌生人交往的机会。

（2）去超市购物或在公交车上购票时，父母可让孩子"代劳"。让孩子多与陌生人交流，可以帮助孩子克服害羞的心理。

（3）可先让孩子与年龄小的小伙伴玩。因为在比自己年龄小的孩子中，大孩子会处于主动地位。不管玩什么游戏，出什么主意，他都会自然地成为"孩子王"。这样，时间长了，就能增强孩子与人交往的自信心。

（4）亲戚多的场合，不要强逼孩子跟每个亲戚都打招呼，因为害羞的孩子比较喜欢一对一的交往。

（5）鼓励孩子自己穿衣，自己洗手洗脸，整理玩具、图书等。孩子做得好时，要多表扬，因为这样做有利于增强孩子发展自主性的积极性。

【误区警示】

☆当众说孩子害羞。永远不要给孩子贴负面的标签，那样只会令孩子的行为更加负面。

☆批评孩子。这只会加重孩子的害羞、胆怯心理，更不敢与人交往了。

吹　牛

【释义】

孩子在与人交往时，因想象力丰富、自我意识强等原因，而说话不根据事实，夸大或浮夸话的内容的行为。

4岁孩子吹牛的目的是为了引起别人的注意，这种行为非常常见。

【典型表现】

两个孩子谈论某个事情，其中一个说自己家有很多玩具时，另一个也不甘人后，说自己家的所有房间里都堆满了玩具。其实这个孩子家里的玩具并不多。

【多发情形】

这种行为在孩子与同龄人相处时更加多发。如，一个小朋友说妈妈昨天买了最新款的战龙四驱给自己，其他几个也不甘示弱，纷纷说自己的玩具更好。其实他们都没有这个玩具。

【错误成因】

孩子为何爱吹牛呢？多是由于以下原因：

（1）为得到他人的关注。4岁的孩子，由于其正处在自我意识形成发展阶段，需要得到父母或同伴的关注，以达到内心的满足。为了得到父母或同伴的关注，就会吹嘘夸耀。

（2）好胜心强。4岁的孩子好胜心强，为了在同伴面前显示、夸耀自我，就会夸大事实或说一些子虚乌有的事。在大人们看来，孩子就是吹牛。

（3）辨别能力差。4 岁左右的孩子想象力丰富，但辨别能力差，常把想象的当做事实，从而导致吹牛行为，即幻想型吹牛行为发生。

【解决方案】

孩子爱吹牛，父母可这样引导孩子：

（1）让孩子详细描述那个子虚乌有的东西，孩子花费一番精力，自编了出来之后，家长还可以问问："我可以看看这个玩具吗？"孩子拿不出来，自然就会承认是自己瞎编的。这种做法不但锻炼了孩子自编故事的能力，还能让孩子自己意识到自己的错误，对孩子的成长更加有利。

（2）鼓励孩子用跑步等方式来解决纷争，而不是比谁说的大话大。比如孩子又与同伴吹牛说自己的玩具更好时，家长可进行调节，让他们比赛跑步，谁坚持跑到终点谁就最棒。这样孩子就会知道嘴上说得好没用，只有做到才是真的好。

【误区警示】

孩子爱吹牛，父母切忌这样做：

☆骂孩子说瞎话。因为这样做不利孩子想象力的培养。

☆不加理会。4 岁孩子爱吹牛，虽然是成长发展的必然，但是如果家长不加理会，孩子就会习惯成自然，长大后也仍然谎话不断，这对孩子的成长是不利的。

话　多

【释义】

在孩子成长过程中，因需要练习语言表达力而引发的行为。

从儿童成长特点来看，4岁孩子正处于语言发展快速增长时期，话多是正常的成长现象。而从心理学角度分析，4岁孩子非常自信，又希望向别人施展他的一切技能，如，说话。因而，4岁孩子爱说话的原因不是为了说话，而是向他人展示自己会说，能说。

【典型表现】

这种行为随时可能发生。如，与妈妈相处时，总喜欢不停地对妈妈说话，甚至重复发问。

有些孩子喜欢自言自语，或者和玩具说话。

话多的孩子常常说话的时机不对，或者说话的内容不合时宜，因而令家长感到烦恼。

【多发情形】

这种行为在孩子遇到他比较感兴趣的人和事时，或换一个环境时更易发生。

如妈妈带孩子出门，在等公交车时，孩子就会对妈妈说："妈妈，我们要去哪？""妈妈，看，来了一辆车！""哇，又一辆，快看，妈妈！""妈妈，那是什么？"孩子爱说话，不是烦妈妈，而是在叙述自己的所见所闻，或者以此了解他感兴趣的东西，或想让别人看看自己多能说。

【错误成因】

4岁孩子爱说话，是由于以下

几种原因：

（1）与孩子的成长特点有关。如，由于孩子处于语言发展快速增长时期，需要不断地通过说话来练习语言表达力。

（2 表现欲强。希望通过说话的方式，向别人展示自己，得到别人的关注。

（3）认知世界的方式。如，通过不断地提问，来了解他不熟悉却又十分感兴趣的东西。

（4）个性所致。孩子喜欢说话和孩子的性格有关系。通常，性格外向，天性活泼的孩子，不是好动，就是好说话。

【解决方案】

孩子话多，父母可以用让孩子编故事的方法来引导孩子：

（1）鼓励话多的孩子编故事。这样就能让孩子说话越来越有条理性，让孩子从爱说变成能说。

（2）对话多的孩子立规矩，如，在吃饭的时候或公共场合，不可随便讲话。因为这样就能让孩子知道，什么时候可以说话，什么时候不能说，从而养成有礼貌说话的习惯。

（4）每天父母要抽出半个小时左右的时间，与孩子聊天。聊天时，要让孩子多说，这样才能满足孩子表现自己的意愿。

【误区警示】

孩子话多，父母最好不要这样做：

☆不让孩子说。这样只会扼杀孩子表达自己的欲望，对成长不利。

☆听之任之。这样会让孩子养成不良习惯，如随意打断别人的谈话等。

口　吃

【释义】

　　在日常生活中，孩子因语言能力有限或有紧张情绪等，而引发的说话节律异常与重复行为，也就是我们平时所说的结巴。

　　从儿童成长特点来看，4 岁孩子处于语言发展的关键期，但语言表达能力有限，却又喜欢表达自己的想法，此时如孩子急于表现，就会出现口吃的现象。

　　这种行为在 4 岁男孩子身上比较多发。

【典型表现】

　　这种行为随时都有可能发生。

　　如，想要妈妈帮他拿个玩具，就会"我我我……你你……" "我"了半天才能把话说清楚。而且越着急，说得就越不流畅，或越说越说不清，甚至会出现重复一个词或阻塞的情形。

　　对于大部分孩子来说，口吃只是暂时的，会随着孩子语言能力的发展而慢慢消失。

【多发情形】

　　这种行为在孩子情绪紧张时，或他人模仿、嘲笑孩子时，更易发生。

　　如，孩子被抢了玩具，一急之下，他就会说"那……你……"其实，他想说的话很简单，"那是我的，你凭什么抢！"可是在情急中，他就不能顺利地表达出来了。

【错误成因】

　　导致孩子口吃的原因很多，主

要有以下几种：

（1）语言表达能力有限。4岁孩子的思维与语言的发展不协调，掌握的词汇有限，孩子又不知道该如何选择正确的词汇，就会出现说话重复、停顿等现象。

（2）有不良情绪，如过于激动或紧张，又急于表达自己的想法，就会因着急而出现口吃现象。

（3）模仿他人所致。小孩子喜欢模仿他人，如，听到别人说话口吃，觉得好玩，就加以模仿。

【解决方案】

发现孩子口吃，父母可尝试以下方法：

（1）多和孩子沟通。4岁是语言发展的敏感期，这个时期，家长一定要多和孩子沟通，鼓励孩子多说，多锻炼，才能更好地掌握这一技能。千万不要怕孩子口吃，就不让孩子说。

（2）扩大孩子的词汇量。家长可有意给孩子用书面语言讲故事，这样可以让孩子接触到更多的词汇，同时扩大口语沟通的范围和深度，这样可以扩大孩子的词汇量，对于孩子的口吃有一定的帮助。

（3）鼓励孩子想好了一句话之后再说，这样可以帮助孩子不会因为着急而讲不出话来。

（4）与孩子沟通时，语速一定要慢。因为放慢说话节奏，孩子就会说得清楚，从而有利于纠正其口吃习惯。

（5）对于故意学别人口吃的孩子，家长可对孩子的话装作不懂，告诉他不好好说话，爸爸妈妈听不懂你结结巴巴的话。孩子为了与家长沟通，就会主动放弃这种模仿。

【误区警示】

发现孩子口吃，父母最好不要这样做：

☆无动于衷。如果不加以纠正，孩子就会养成口吃的习惯。

☆呵斥、打骂孩子。口吃是一种心理障碍，父母的打骂会强化孩子的口吃行为。

撒　娇

【释义】

撒娇是指孩子为了某事通过示弱的方式达到心里预想的目的。

从儿童成长特点来看，4岁孩子爱撒娇是非常正常的一种现象，但也需要父母积极引导。

【典型表现】

为了能够达到某个目的，而对持反对意见的家长又亲又抱。如想再吃一颗糖果，孩子就使出浑身解数，对妈妈又亲又抱，哼哼唧唧、哭哭啼啼，抱手缠腿，直到妈妈同意为止。

【多发情形】

这种行为一般只在宠溺孩子的家长面前多发，比如孩子多半都会向妈妈或者爷爷奶奶撒娇，而对爸则很少。

一般在家里更加多发，而在幼儿园或者有陌生人在场时，则较少。

相对来说，女孩比男孩更爱撒娇。

【错误成因】

4岁的孩子爱撒娇其实是一种成长的必然。4岁孩子的撒娇行为与两三岁明显不同。两三岁的孩子多在感到不安、委屈时，以哭闹的方式来寻求安慰，是一种被迫的选择。但4岁孩子已经将撒娇变成了一种主动选择。为了说服家长肯定自己的行为，或者答应自己的请求，就主动向对方示好、扮乖。或者在感到受冷落时，主动往家长身边挤，不是坐在爸爸的腿上，就是趴到妈妈的背上，向家长寻求安慰和宠溺。

但需要注意，家人不能太宠孩子。如孩子一撒娇，就满足孩子的不合理要求。时间长了，孩子就会以此来要挟父母或家人，来满足自己的不合理要求。

【解决方案】

孩子经常将撒娇当成"贿赂"父母的手段时，父母可这样做：

（1）孩子以亲吻等来"贿赂"家长答应自己的不合理要求时，家长可回吻他，并温柔地告诉他，自己拒绝的理由，并答应给孩子讲一个故事或者陪孩子玩一个游戏来代替。一般孩子都会乐于接受这种"交换"。

（2）提醒孩子已经制定好的规矩。孩子撒娇想要"走后门"时，

家长可提醒孩子已经制定好的规矩。比如，和孩子说好每天只能吃一颗糖时，如果孩子还撒娇想吃第二颗，就可提醒他，今天破坏了规矩，不能得小奖章哦。4岁孩子有强烈的荣誉感，会为了荣誉而放弃不合理要求的。

【误区警示】

当孩子将撒娇变成"贿赂"父母的手段时，父母要避免以下态度：

☆对孩子的撒娇行为抱着欣赏的态度。这会让孩子认为自己做的是对的，进而变成一种习惯。

☆为坚持原则而严肃地批评他。这种态度会吓坏孩子，甚至阻碍正常的亲子沟通。此时家长只要温柔地坚持原则就可以了。

挑 食

【释义】

挑食是指孩子吃饭时只挑自己喜欢的吃，比如只吃肉，不吃青菜；或者一旦饭菜不合胃口一口都不吃的行为。

挑食是幼儿常见的坏毛病，对生长发育极不利。挑食容易造成维生素缺乏，造成体质虚弱、抵抗力差，容易生病或是过度肥胖，严重影响孩子的生长发育。

【典型表现】

只吃自己喜欢的饭菜，对于自己不喜欢的饭菜，宁愿饿着也不吃。

只喜欢吃零食，对于正餐没有兴趣，只有在强迫下才能吃点。

【多发情形】

在家更容易发生，在幼儿园则相对不怎么挑食。

在爷爷奶奶面前更容易发生，在爸爸妈妈面前则好一点。

【错误成因】

孩子挑食，一般有如下原因：

（1）家人挑食或偏食。如，有些父母只吃肉不吃菜，孩子在负面模仿下，也会不爱吃菜。有些家庭做菜口味重，孩子也就偏爱口味重的菜，不喜欢吃清淡的。

（2）进餐习惯不好。有的孩子从小就没有建立起好的进餐习惯。想吃零食了就吃，不管是不是马上就要开饭了。饭前吃零食吃饱了，正餐时肯定会没有胃口。

（3）吃饭过于精细。有些家长从小为了孩子便于进餐，习惯把蔬菜剁碎，长期如此，孩子就会对做得不精细的菜产生排斥心理，因为太难以咀嚼了。比如碎芹菜炒肉，孩子很爱吃，而用芹菜段炒肉孩子就不吃了。

（4）从小就只给孩子吃少数几种食物。一些家长出于营养方面的考虑（比如鸡蛋羹比米饭、馒头有营养），或者因为自己厨艺一般，会做的饭菜较少，而只给孩子提供少数几种食物，比如鸡蛋羹、面条等，孩子长大后再让孩子尝试其他种类的食物，孩子一般都会排斥，进而挑食。

【解决方案】

孩子爱挑食是不良的饮食习惯，父母一定要设法纠正：

（1）如果孩子挑食，父母可将孩子不喜欢的食物，做成漂亮的图案，来吸引孩子，让孩子对食物感兴趣。或者利用食材特有的颜色，将饭菜的色彩搭配得艳丽一些，孩子更喜欢色彩艳丽的东西。比如把红色的胡萝卜、绿色的西兰花、黄色的彩椒、白色的虾仁炒在一起，颜色鲜艳，又有营养。

（2）如果孩子不喜欢某些食物的口感或者颜色，家长可在孩子喜欢的菜里，少量添加一些，让孩子逐渐适应。比如，孩子不喜欢黑木耳，家长可在孩子喜欢的娃娃菜里，少量添加一点黑木耳，并鼓励孩子少量吃一点，这样孩子就会慢慢适应。

（3）孩子总是挑食，家长可用分餐制，每人一个餐盘，必须吃完自己的那一份食物。分餐制可以不给孩子挑食的机会，对于纠正挑食有一定的帮助。当然孩子吃完自己的一份食物后，家长一定要鼓励他的行为，并给予适当奖励。

（4）对于从小饮食精细的孩子，可以逐渐从细碎到正常。如，孩子习惯只吃碎菜末时，家长可先让孩子适应菜丁，再逐渐做大点的菜丁，再到正常的菜段。这样会让孩子容易接受一些。

（5）给每个食物（尤其是孩子不愿意吃的食物）编一个小故事。这样可以增加乐趣，孩子也会因为好玩而更加乐于接受这种食物。

（6）科学分析每一种食物能给我们人体提供怎样的营养。4岁孩子几乎都对科学感兴趣，用科学知识帮助孩子建立起健康的饮食观念。

【误区警示】

孩子爱挑食，父母尽量不要这样做：

☆逼孩子吃不喜欢吃的东西。这种做法是不可取的，会让孩子产生强烈的抗拒感。

☆不爱吃就不让孩子吃。这会让孩子认为偏食没有什么不对，也对孩子的健康不利。

多　动

【释义】

在日常生活中，孩子因个性活泼或探索欲强，或自控能力差而引发的一种行为。

孩子静不下来，是孩子运动能力和思维能力不断发展的一种行为表现，是孩子成长和学习的一个最重要的途径。

静不下来的行为在 4 岁孩子身上比较多见。

【典型表现】

这种行为随时都有可能发生，如在家里时喜欢乱动危险物品，到处摸，到处动，很少能老老实实地坐下来待一会儿。在外面时喜欢攀高，或跑到马路上去玩。

幼儿园中静不下来的孩子，在上课时总爱搞小动作，或不专心听课。

孩子静不下来，意味着孩子精力旺盛，但晚上时却因白天活动量大，而睡不安稳，这类孩子多让父母大伤脑筋。

【多发情形】

这种行为在孩子对某些事物感兴趣或好奇时，更易发生。如，孩子喜欢小自行车，当爸爸买了小自行车后，总是骑个不停，甚至到饭点吃饭时，孩子都不想停下来。

如果孩子的玩伴多时，孩子也总是停不下来，会跟着玩伴到处跑。

【错误成因】

孩子静不下来，主要是由于以下几种原因所致：

（1）想引起别人的注意。如父母平时很少有时间陪孩子，孩子就可能静不下来，以此来引起父母的注意。

（2）精力充沛。心理学研究发现，孩子之所以静不下来，是由于精力充沛，而静不下来正是精力充沛的外在表现。

（3）孩子如果体内缺锌，也会非常好动，一会儿也静不下来。这类孩子除了睡觉，一整天都在跑来跑去。

【解决方案】

孩子静不下来，父母可积极加以引导：

（1）孩子静不下来，父母可与孩子一起做一些有趣的、能让孩子思考的游戏。如，妈妈可以与孩子一起学青蛙跳，然后让孩子想想，青蛙为何会跳，如有条件可带孩子去观察青蛙。因为这样做既能让孩子安静，又能引导孩子思考。

（2）让孩子帮自己做一些可坐着做的家务活，如，择韭菜，这有利于孩子安静下来。

（3）做手工、画画等游戏，也能够让孩子安静下来。在睡觉前，让孩子安静地画一会画，或者和孩子一起做一做手工，容易让孩子睡得安稳。

【误区警示】

孩子静不下来，千万不要采取以下的做法：

☆强拉孩子坐下来。强迫孩子立刻中止自己的探索行为，或者兴致勃勃的游戏，会令孩子感到反感。

☆斥责孩子。因为孩子静不下来搞乱了房间，一些家长就会斥责孩子，但是孩子其实是很委屈的，自己的探索行为为什么会遭到批评呢？这样会令孩子变得自卑，甚至不敢探索。

粗　心

【释义】

在日常生活中，孩子因个性原因或情绪紧张而引发的粗心大意、马虎等行为。

心理学家认为，心理不稳定、容易激动和紧张的孩子出现粗心的频率高。而在4岁孩子身上，粗心是比较常见的一种现象。

【典型表现】

这种行为随时都有可能发生，如，孩子在洗手后，总是忘记关好水龙头；或总是忘记在睡觉前关灯或关掉电视。

通常，孩子对自己感兴趣的事情，比较细心一些。反之，对不感兴趣的事情，就会变得马马虎虎。

【多发情形】

这种行为在孩子情绪紧张时，更易发生。在干扰多的情况下，也比较多发。比如孩子在做垒积木的游戏，父母却催他吃饭，孩子因为注意力的分散，自然就变得粗心大意了。

孩子在做事不认真时，也易马虎，如，妈妈让孩子画画，孩子却想看电视，为了应付孩子会简单画一下，结果肯定会出错误。

【错误成因】

孩子粗心，多由于以下原因：

（1）个性因素。有些孩子对感觉刺激的敏感性较差，而注意力又很容易被身边的事情干扰，所以就比较粗心。

（2）兴趣的因素。对自己感兴趣的事情很细致，对不感兴趣的事情就马马虎虎。

（3）心理因素。心理不稳定，平常容易激动和紧张的孩子爱粗心。

（4）责任心差。因为孩子缺乏责任心，做什么都心不在焉，做事自然就粗心了。

【解决方案】

孩子粗心，父母可以采取以下方法帮孩子：

（1）孩子粗心。父母可以带孩子玩"找相同点"和"找不同点"的游戏，让孩子仔细去观察细节上的变化。因为这种游戏可培养知觉辨别能力，从而有利于培养他们细心做事的能力。

（2）教孩子学会自己整理东西、收拾房间，培养孩子的责任感。因为责任感强的孩子一般做事认真，不会粗心。

（3）父母可以让孩子经常画画、涂色、做手工等，这些"细活儿"能使孩子变得细心，使孩子的注意力集中。

【误区警示】

孩子粗心，父母切忌这样对待孩子：

☆责骂孩子粗心。因为被骂会使孩子更加紧张，并且会让孩子变得更加粗心。

☆当众说孩子粗心。这样容易给孩子造成心理上的压力。

吝 啬

【释义】

在日常生活中，孩子因不懂得分享或自我意识较强而引发的一种行为。

从儿童成长特点来看，孩子4岁时非常友好，非常愿意与他人分享玩具和轮流玩玩具。但如果父母教养方式有问题，很可能导致孩子不愿意与他人分享玩具或美食。

【典型表现】

不管对父母还是同伴都非常小气。如自己的玩具不给别人玩，自己的食物不给别人吃。

有些孩子只对同伴小气，对父母等亲近的家人会慷慨一些。

【多发情形】

在玩具较少或食物匮乏时，这种行为更加多发。如某个玩具只有一个，孩子就会拒绝给同伴玩。

有些孩子好胜心强，某个玩具自己平时也不怎么喜欢，但一看到别的同伴想要，他就觉得这个玩具好，并拒绝同伴的请求。

在孩子非常喜欢某个玩具或物品时，孩子一般都会变得小气。

【错误成因】

4岁孩子小气，多由于以下原因所致：

（1）自我意识强烈。进入4岁以后，宝宝的自我意识越来越强烈，有了"我"和"你"的概念。他非常在意"什么是你的"和"什么是我的"，并以此来保护自己的权利。

（2）与父母教养方式有关。如

有的父母经常教育孩子："不要把好吃的分给军军吃！"长期如此，孩子就会变得小气。

（3）与以往的不快经历有关。如以前自己的玩具被抢过，让孩子产生了不安全感，所以拒绝分享。

【解决方案】

如果孩子小气，家长可引导孩子学会分享：

（1）从小不要给孩子特权。如不要只给孩子准备食物，而不顾家中的其他人。如妈妈先给爸爸一个苹果，再给自己拿一个，最后再给宝宝拿。还要多鼓励宝宝把自己的食物或者玩具和家人分享，宝宝做到后，家人要对孩子表示感谢并表扬他。这样，孩子就会有分享意识。

（2）鼓励孩子交换玩具。和同伴游戏时，可鼓励孩子用自己的玩具与同伴交换玩，这样孩子就能玩到更多的玩具，可以令孩子直观感受到分享的快乐，进而变得慷慨起来。

（3）培养孩子轮流玩的概念。如在公共场合玩大型玩具时，如滑梯、秋千等，可让孩子学会排队玩，

有利于培养孩子的分享意识。轮到孩子玩时，孩子霸占着玩具不放手，家长可用唱支歌的方式给孩子限定时间，如唱完字母歌就该轮到别的小朋友玩了。这样不但能限制孩子玩的时间，还能增加游戏的乐趣。

（4）培养孩子"借"的概念。平时家长可常向宝宝"借"某一个专属于宝宝的东西，比如宝宝的书，然后再还给孩子。长期如此，家中有小客人时，孩子就会愿意"借"给小客人玩具玩，而不会担心小朋友玩后不给自己。

【误区警示】

如果你的孩子小气，你要注意以下的错误做法：

☆斥责孩子"太小气"。给孩子负面评价会打击孩子的自尊心和自信心，对孩子的成长不利。

☆因孩子小气而惩罚他。从另一方面说，孩子坚持自己的物权没有什么不对，所以家长不要因此而过于责罚孩子。可以通过讲故事等方式，告诉孩子如果变得慷慨大方会交到更多的好朋友，获得更多的乐趣。

人来疯

【释义】

在家里来客人时，孩子因表现欲望强或想引起他人的关注而引发的一系列行为。

心理学家认为，孩子的这种行为是由某种心理需要引起的，目的不是故意捣乱，而是引起别人注意或满足情感或物质需要。在4岁孩子身上，这种行为非常多见。

【典型表现】

家里来客人时，孩子变得特别活跃，如在床上与地上之间上蹿下跳，并大喊大叫；有的孩子一会要出去玩，一会又要看电视，甚至为此撒泼打滚；有的孩子会乘机提无理要求，如去买零食吃。这往往让父母非常恼火，又当着客人的面不便发作。

【多发情形】

这种行为在平时家中很少有客人来，或缺少玩伴、生活单调的孩子身上更加多发。如，家里偶尔来客人时，平时挺听话的孩子就会特别淘气，有时把玩具丢得满屋子都是，或者在客人面前跑来跑去，显得很"野"，弄得大人很尴尬。

【错误成因】

孩子人来疯，主要是由于以下几种原因：

（1）平时管教孩子的方式太严，抑制了孩子活泼好动的天性。家中有客人时，父母往往不好意思管束他，于是孩子就像脱了缰的野马一样疯闹了起来。

（2）有的孩子"人来疯"，是由于表现欲过强，想引起客人注意。于是在家中有客人时，为了引起客人的注意，他就会跑来跑去，甚至唱歌跳舞，希望客人能够夸奖自己。

（3）有的孩子"人来疯"，是想父母满足自己的不合理要求。如，孩子会发现在家里有客人时，自己的不合理要求往往更容易满足。如家长不好意思拒绝自己的要求，即使父母拒绝，客人也会主动满足自己的要求。这种发现会使孩子专门趁着家里有客人时，当着客人的面提出自己的要求，比如想吃一大罐巧克力，等等。

【解决方案】

孩子人来疯，父母可这样引导孩子：

（1）让孩子给客人唱自己喜欢的歌或跳支舞，这样就可满足孩子表现自我的要求。

（2）给客人拿水果或洗水果，因为这样就转移了孩子疯闹的注意力。

（3）在客人到来时，把孩子介绍给客人，让孩子向客人问好，因为这样就避免孩子有受冷落的感觉。

（4）平时，可多带孩子出去玩，或到同事家做客，因为这样就能减少孩子看见生人时的兴奋感。

（5）即使家里来了客人，也不要放纵孩子的不合理要求。不能为了让孩子乖乖地玩不吵闹，就同意孩子无限制地玩电脑游戏，或者无限制地吃糖，等等。即使孩子当着客人的面要这要那，家长也不要因为不好意思而放纵孩子。可以将孩子带到其他房间告诉孩子自己拒绝的理由，或者帮孩子找点更有趣的事情做。

【误区警示】

孩子人来疯，父母千万不能这样做：

☆大声斥责。因为这样做不利于保护孩子的表现欲，还会挫伤他的自尊心，甚至使他变得胆小怯懦。

☆把孩子轰出家门，让他去外面玩。因为这样做不利于孩子礼貌习惯的培养。

挖鼻孔

【释义】

在日常生活中，孩子因有不良情绪或习惯或鼻孔不舒服而引发的一种不良行为。

从儿童成长特点来看，4岁孩子挖鼻孔是一种非常常见的行为，也是非常正常的现象。心理学家认为，孩子爱挖鼻孔是其情绪焦虑或紧张的表现。但挖鼻孔容易把鼻子抠出血，把病菌带到鼻腔里，引发疾病，因而，父母要及时帮孩子纠正不良习惯。

【典型表现】

这种行为随时都可能发生。如，孩子看着电视，就不自觉地把手指伸进鼻孔里；有的孩子甚至聊天、走路、玩耍时也挖鼻孔。只要父母提醒他，他会暂时中止这种行为。但不定什么时候，孩子又会重复这种行为。有时孩子不是要挖出鼻孔中的脏东西，而是在于寻求紧张、不安等不良情绪的宣泄方式。

【多发情形】

这种行为在孩子无聊时比较多发，如没有别的小朋友与他一起玩，或者与自己不喜欢的小朋友一起玩，孩子就会把手指伸进鼻孔里，以此来打发无聊的时间。当然孩子在身体不适，如鼻腔干燥、鼻腔发痒时，也爱挖鼻孔。

【错误成因】

孩子为何爱挖鼻孔呢？通常是由于以下原因所致：

（1）父母很少有时间陪孩子，

孩子的玩伴又少，总感觉无聊。

（2）身体不适。如，感冒或上火所引起的鼻子干燥、发痒。

（3）心理紧张的表现。比如，闯了祸、说了谎话、办了错事，怕别人看出来，以这种动作来掩饰自己的不安。

【解决方案】

孩子爱挖鼻孔是一种不良习惯，父母可参考以下几种方法加以纠正：

（1）培养良好的卫生习惯。如果感到鼻孔痒，可用卫生纸来处理，而不要用手指去抠。

（2）尽量多陪伴孩子，即使不能陪伴也给孩子提供多一点的玩具，不要让孩子感到无聊。玩伴能够缓解孩子的无聊感，但是有时合适的玩伴是很难找到的，那就给孩子多一点玩具，让孩子不感到无聊。

（3）及时发现孩子的紧张、不安等不良情绪，帮助孩子合理疏导。

如请孩子讲讲自己感到紧张的事情，并帮助孩子分析和战胜它。在孩子犯了错误时，要尽可能平静处之，即使孩子闯了很大的祸，也不要表现得好像天塌下来一样，那样会吓坏孩子，并令孩子产生罪恶感。以后再发生事情，就不敢与父母说，进而用自己的方式，比如挖鼻孔，疏解不良情绪。

【误区警示】

孩子爱挖鼻孔，父母不要这样做：

☆打孩子的手。这样做很难让孩子明白自己被打的原因，对于解决问题没有帮助，反倒会令孩子感到自卑。

☆批评孩子"讨厌""恶心"。会加重孩子的罪恶感，反而会更加强化孩子的行为，导致孩子更频繁地挖鼻孔。

经常被欺负

【释义】

孩子因性格懦弱或不知如何与小朋友交往而经常被欺负。如，有的孩子与小朋友玩耍时，老被打哭。

从心理学角度分析，这是一种典型的退缩行为。退缩的目的不在于逃避，而在于自我保护。这种行为在4岁孩子身上非常多见。

【典型表现】

在与同伴玩耍时，经常被打或者被抢。

在被打或被抢之后，只会无助地哭泣，而不敢据理力争，反打回去或者反抢回来。

有时，感到对方想要抢自己的物品时，会拿着物品害怕地跑开，在跑的过程中会着急哭泣。

【多发情形】

性格胆小、懦弱的孩子往往被欺负。

身体瘦小的孩子，往往被高大的孩子欺负。

年纪小的孩子，常被年纪大点的孩子欺负。

女孩常被男孩欺负。

【错误成因】

孩子受欺负，通常由于以下几种原因：

（1）有些孩子长期被过度保护，一旦被打或者被抢，往往被动寻求帮助，而不知主动解决问题。

（2）性格原因。有些孩子天生胆小，不敢打人，即使被抢被打，也不敢动手回抢回打，于是常常受到欺负。

（3）动作慢。相对来说，动作慢、力气小的孩子，往往更容易被抢，即使在打架时，也往往因为动作慢而打不过对方，这样的孩子更容易被欺负。

（4）懂礼貌的孩子往往比粗鲁的孩子更容易受到欺负。比如家长经常教孩子不要打人，有话好好说，不要抢，孩子就会在与同伴玩时温文尔雅，但一旦同伴中有粗鲁、不懂礼貌的孩子，就会成为被欺负的对象。

【解决方案】

孩子受欺负，父母要正确地引导孩子：

（1）平时，父母可与孩子玩一些角色游戏，如，大孩子与小孩子游戏，在游戏中，父母要教孩子在争执中如何好好保护自己。如在被打时抱着头，因为这样就可以让孩子避免在争执中受伤。

（2）如孩子在幼儿园中受了欺负时，妈妈告诉孩子说："以后小朋友再打你，要大喊'某某打我了!'"因为这样就可让老师听见，从而避免孩子进一步挨打。

（3）孩子受到欺负后，可以当着"肇事者"的面，批评对方做得不对，再联合其他孩子一起孤立"肇事者"，这样一方面可以抚慰被欺负的孩子，还会对"肇事者"产生威慑。

（4）对孩子的玩伴要适当干预，不和那些粗鲁、不懂礼貌的孩子一起玩。让孩子主动远离这些孩子。

【误区警示】

孩子受欺负，父母如果有以下的做法就需要注意了：

☆对孩子说："他再打你，你也狠狠地打他。"因为这样给孩子一个错误的信息：打人是被允许的行为。

☆责骂孩子是受气包。因为这会让孩子变得更加胆小或失去自信。

见什么要什么

【释义】

在日常生活中，孩子因对某些零食或玩具特别感兴趣，或因自控能力差而引发的行为。在 4 岁孩子身上，这种行为非常多发。

【典型表现】

父母带孩子去超市时，孩子见到好吃的要买，见到玩具也想买，永不满足。一旦被拒绝，孩子就哭闹生气。

【多发情形】

孩子见到玩具店或者小超市时，更加多发。如果在家或者幼儿园附近有玩具店或者小超市，孩子每天经过这里，看到自己喜欢的东西，就想买下来。

【错误成因】

孩子乱买东西，多由于以下几种原因：

（1）父母教养方式不当。如孩子一哭闹，就带孩子去买东西吃，尤其是经常去家门口的小超市买。长期如此，孩子就会主动要求去买。

（2）自控力差。4 岁孩子自我控制能力很差，而且容易被新奇的东西吸引，就易见什么要什么。尤其是商家为了吸引孩子的注意力，故意等在幼儿园门口或者游乐园门口，孩子更容易被其吸引，而想让家长买。

【解决方案】

孩子喜欢乱买东西，父母可采取以下的方法进行教育：

（1）4岁孩子已经具有一定的理解能力，可以告诉孩子爸爸妈妈工作很辛苦，所以不能乱花钱。太贵的不能买，已经有了类似的不买，制定好规则。还可以告诉孩子家里的财务计划，比如正在攒钱买房或者攒钱旅游，可以告诉孩子现在我们得省钱，这样就可以有大房子，可以去好玩的地方玩。以此帮助孩子谨慎花钱。

（2）给孩子买食物或者玩具，尽可能选择离家稍远的大超市，平时尽量少带孩子去家门口的小超市买东西。这样形成习惯，孩子就不会经常想到家门口的小超市去，也就可以避免孩子见什么买什么。

（3）带孩子购物时，事先和孩子约定，一次只能买一件物品，让孩子自己选择买什么，这样可以避免孩子无限制地要这要那。还可以和孩子一起制定购物清单，只买清单上有的物品，不能临时变卦，乱

花钱。父母监督孩子，孩子也可以监督父母。这样可以让孩子主动约束自己。

（4）遇到小贩在孩子面前兜售玩具时，家长可将孩子带离，并告诉孩子小贩的玩具质量差，只有质量好的玩具玩起来才更顺手。并和孩子约定不在小贩那里买东西，让孩子当个小小监督员。孩子一般都乐于做监督工作，会乐于接受父母的建议，而不再要小贩的东西。

【误区警示】

孩子喜欢乱买东西，父母要注意以下不当的做法：

☆孩子要什么给买什么，要钱就给钱。因为这样做会导致孩子控制力差。

☆哄孩子下次再买。这样易让孩子觉得大人说话不算数，从而对父母失去信任。

乱丢玩具

【释义】

孩子玩完玩具后，因懒或没有秩序感而引发的一种行为。

从儿童成长特点来看，4岁前是幼儿秩序感建立的重要敏感期，这个阶段需要在生活作息流程和日常习惯方面了解其秩序性，但如果父母不注意孩子秩序感的建立与培养，孩子就有可能没有建立好的秩序感，从而出现乱扔玩具的现象。

【典型表现】

这种行为多发生在家中，如孩子在家玩耍时，将玩具丢来丢去，扔得到处都是，不想玩时也不收拾，任由它们躺在地上、床上和角落里。这样就会让家中的地板或床上一片狼藉与混乱，甚至连走路都会被玩具绊倒。当父母提醒他时，他高兴时就收拾一下，不高兴时就懒得收拾，最后常常是让父母帮他收拾。

【多发情形】

这种行为在家中来小玩伴时更加多发，如孩子会将很多玩具拿出来，与小朋友一起玩。玩着玩着，小朋友要出去玩，可能孩子就会跟着小朋友出去玩，而不管家里的玩具扔得到处都是。有些孩子不仅玩具到处扔，他做过的纸飞机什么的，也会扔得地板上到处都是。

【错误成因】

孩子爱丢玩具，与父母教养方式不当有关：

（1）对孩子过于溺爱，什么事都帮孩子做。时间长了，孩子必然

119

养成懒散或依赖父母的习惯。

（2）父母本身爱乱扔东西，家里衣服扔得到处是，这易让孩子负面模仿，养成无序的生活习惯。

（3）注意力转换太快。4岁孩子注意力转换非常快，往往玩着这个又想玩那个，在这个频繁、快速的转换中，孩子就可能会来不及收好玩具。

（4）缺乏耐心。孩子往往没有耐心收好玩具，就急急忙忙开始新的游戏了。4岁孩子的耐心相对来说比较缺乏，这符合这个年龄阶段的成长特点。

【解决方案】

孩子爱丢玩具，父母可以通过以下方法，帮孩子养成及时整理玩具的习惯：

（1）和孩子一起去买一个漂亮的玩具收纳盒，并由孩子保管。或给孩子一个头衔，如玩具管理局局长。这样做就能调动孩子整理玩具的积极性。

（2）每天和孩子比赛，看谁能在短时间内将玩具归位。如果孩子

做得好，可奖励孩子一个玩具，如小变形金刚。这样就能激励孩子收拾玩具。

（3）如孩子只爱玩玩具，不爱收拾，怎么说他也不听，就要给他立规矩了，如，在晚上吃饭时，必须收拾好房间的玩具，否则，妈妈以为这些玩具都不要了，就会清理到垃圾桶里。这样做是让孩子意识到自己的责任，进而主动整理。

（4）父母时常编些儿歌唱给孩子听，如"玩具排排队，高高兴兴回到家；玩具洗洗澡，要进房间睡觉了。"让孩子一边唱，一边收拾玩具，孩子会觉得很好玩，进而乐于去做。

【误区警示】

孩子爱丢玩具，父母不要这样做：

☆父母天天帮孩子收拾。因为这样做会让孩子养成懒散的习惯，同时，也不利于独立性的培养。

☆打骂孩子。这样会让孩子产生对抗心理，更不利于秩序感的建立。

退　缩

【释义】

在日常生活中，孩子因没自信或胆小而引发的一种行为，如，不敢当众表演，画画时说"我不行"，等等。

从心理角度来分析，孩子的这种行为属于退缩性行为。这种行为产生的原因，多是孩子不敢面对困难，不敢尝试，没有自信心的表现。

在4岁孩子身上，退缩性行为非常常见。从发展心理学的观点看，4～6岁是保护儿童自信心的关键期，因而，发现孩子退缩，父母一定要先了解原因，然后对症下药。

【典型表现】

孩子与小朋友一起玩，别的小朋友都去玩滑梯，而退缩的孩子往往不敢去。如果父母此时说"快去与小朋友一起玩，你看他们玩得多开心"，而孩子通常会说"我不行""我不去!"虽然他嘴上说不去，事实上也想去，只是担心自己玩不好，被他人笑话。而当父母不催他时，或许他会过去试一下。

【多发情形】

这种行为在孩子多的场合，或需要当众表演时更加多发。如，在幼儿园，很多小朋友都上台跳舞或唱歌了。此时，老师或父母会对孩子说"强强，快上，你看其他孩子唱得多好"! 可孩子死活不上台。越催越不好意思，或越不敢。再催急了，他就开始脸红，低下头，或躲一边去，行为更加退缩。

【错误成因】

孩子爱退缩，是胆小、没自信吗？通常，孩子退缩有多种原因：

（1）在生活中，很多父母或家人动辄将"真棒""最聪明"等挂在嘴边，而过度地夸赞会让孩子高估自己的能力，一旦遇到挫折，孩子就会难以承受。而遇到类似的事情时，孩子就会表现得退缩。

（2）父母对孩子期待过高，管教过严，也会让孩子出现退缩性行为。如家中来客人时，很多父母怕孩子吵闹，让孩子躲到房间内。这样的孩子到了人多的场合，就不敢当众表演，别人催促时，就会没自信，甚至退缩。

（3）如果孩子个性敏感，会非常在意别人的看法。这类孩子遇到新鲜的事物时，通常不敢去尝试。而在他人眼中，这样的孩子通常是胆小、退缩。

【解决方案】

如果自己的孩子凡事爱退缩，父母不要着急，可采用以下这些方法来帮孩子变得大方勇敢：

（1）培养孩子的独立能力。让孩子自己动手做一些力所能及的小事，如在吃饭前，帮妈妈摆碗筷等。因为独立性强的孩子，自信心也强。

（2）表扬孩子时要适度，最好是就事论事。如，"你今天比昨天起得早，所以，你今天值得表扬！"因为不当的表扬孩子，会让孩子耐挫力差，甚至因此而产生退缩行为。

（3）平时，可与孩子进行一些小比赛。如，吃饭比赛、唱歌比赛。不管孩子做得好不好，都要给孩子积极的评价，如"你今天努力了，所以要给一个'A＋'"。这样做，孩子就会因不怕失败而敢于尝试新事物了。

（4）孩子不敢尝试新鲜事物，要多鼓励。如，他不敢坐过山车，可这样对孩子说："以前爸爸也害怕，但爸爸坐过一次，就再也不害怕了。不信，你试试？爸爸相信你也能行。"或对孩子说："谁第一次都害怕，但不敢尝试就不对了，爸爸相信你，只要你敢去做，肯定能做好的！"

【误区警示】

发现孩子有退缩行为，父母要避免以下错误的做法：

☆乱夸孩子，孩子做什么都说好。这样做只能造成挫折承受力弱。

☆骂孩子"胆小、没用"。不要这样做，因为这种做法会使孩子"窝囊"无能。

爱"吃醋"

【释义】

孩子与人相处时，因嫉妒或忧虑心理而引发的一种情绪反应或行为。表现为，妈妈抱别的小朋友，孩子马上挤过来，并申明："这是我妈妈！"甚至妈妈对爸爸表示亲切，也会令孩子"吃醋"。

从心理角度分析，"吃醋"既是心理发展的自然现象，又是孩子社会化过程中最重要的一个阶段。在此阶段中，孩子开始体会、明白有些事物是不能独占的，他要学习去面对这个事实，并慢慢走出以自我为中心的状态。"吃醋"在孩子4岁左右时非常多发。

【典型表现】

因为妈妈夸别的小朋友，孩子看到后，就会生气，甚至会打对方。

一些孩子认为自己和某个小朋友是好朋友，一旦对方和另外的孩子一起玩时，孩子就会受不了，就会有"吃醋"的表现。

【多发情形】

妈妈一个人照顾宝宝的情况下，宝宝更会因为妈妈对别的孩子表示好感而吃醋，甚至会吃爸爸的醋。

孩子的同伴少的情况下，为了表示对同伴的珍惜，很多孩子不允许同伴再和别的孩子玩，只允许同伴和自己玩。

多子的家庭，孩子"吃醋"的情况更加多见。

【错误成因】

孩子为何爱"吃醋"呢？心理

学家研究发现，孩子爱"吃醋"与父母的行为有关，具体分析如下：

（1）心理学家莱赫斯特认为，"吃醋"表现出一个人对失去所爱之人的害怕。"吃醋"心理与人际沟通的形成有关，确切地说，感觉某人的出现威胁到自己与亲人关系后所做出的反应。

（2）对亲情的渴望。孩子4岁时，自我意识比较强烈，什么都是我的，即使爸爸妈妈也是如此，不管是谁都不可以抢走爸爸妈妈。如果看到有谁亲近爸爸妈妈，或他们亲近其他孩子，孩子都会有较激烈的反应。

【解决方案】

在日常生活中，父母可以细心观察孩子的"吃醋"反应，如有必要，可采取以下方法：

（1）如果发现大孩子爱"吃醋"，父母可在小宝宝面前多多夸他："你看哥哥姐姐好棒喔！自己穿鞋子、自己倒水喝!"这会让大孩子心情愉悦，在这种情况下，他是不会"吃醋"的。

（2）尽量多带孩子外出与同伴玩耍，这样孩子就会交到更多的朋友，不会因为妈妈对别的孩子的好感或者同伴和别的孩子玩而生气。

（3）爸爸平时也要多陪伴孩子，这样可以转移孩子对妈妈的依恋，同时让孩子享受一家人的快乐。

【误区警示】

如果家中有爱"吃醋"的孩子，父母最好不要这样做：

☆父母命令大孩子把玩具给小孩子。这会让大孩子"吃醋"。因为父母没有公平处理孩子的纷争，并且轻视了大孩子的需求。

☆怕孩子吃醋，就只和孩子在一起。这样会让孩子产生错误的社交观念以及家庭观念，对成长非常不利。

说狠话

【释义】

孩子与人沟通时，因对他人不满而引发的一种行为。

从心理学角度来分析，这与骂人一样，属于工具性攻击行为。这种行为的目的有两个，一是试探一下大人的反应，二是通过说狠话来发泄种种原因造成的愤怒、焦虑和压抑等不良情绪。这种行为在 4 岁孩子身上比较多发。

【典型表现】

这种行为随时都有可能发生。如与小朋友相处时，他看小朋友手中拿着好吃的，向小朋友要，小朋友拒绝与其分享，他就会对小朋友说，"你不给我吃，我就打死你！"或"我把你打成肉饼吃了！"

在与父母相处时，孩子也爱说狠话。如，快要吃晚饭了，但孩子却要吃零食，妈妈拒绝了他。他就对妈妈发狠地说："哼，不让我吃糖，我就不吃饭！"

【多发情形】

这种行为在孩子情绪紧张或需求没有得到满足时，更加多发。如，孩子想要买玩具，妈妈没给他买，他就抱着妈妈的腿说："我打死你！"

如果孩子睡得正香，父母却叫孩子起床，孩子情急之下，也会说狠话，如"滚一边去！"

【错误成因】

孩子爱说狠话，有以下两大原因：

（1）不良语言环境的影响，三

四岁的孩子特别爱模仿，如，父母平时爱说狠话，或幼儿园老师爱用狠话吓唬孩子，就极易让孩子模仿，孩子就会因负面模仿而说狠话。

（2）有不良情绪。如爸爸用电脑工作，可孩子要玩爸爸的电脑，此时孩子就会气急败坏地说："你再不让我玩，我就把电脑砸了！"

【解决方案】

发现孩子爱说狠话，父母可这样做：

（1）假装没听见。因这样做就会让孩子觉得没意思，从而就不说狠话了。

（2）如果孩子通过狠话发泄内心不愉快的情绪时，父母一定要让孩子宣泄出来，如给他个布娃娃，让他对着娃娃，把不高兴的事说出来。

（3）直接告诉孩子，妈妈不喜欢这样说话的孩子。4岁孩子希望能够得到家长的认可，一般会竭力避免做父母不认可的事情。父母明确自己的态度，会令孩子约束自己的行为。

【误区警示】

发现孩子爱说狠话，父母不能这样误导孩子：

☆对孩子说："哎呀，你学坏了，怎么能说这样的话。"因为如果他人反应激烈，就会强化孩子的这种行为。

☆觉得孩子说狠话很好玩，甚至哈哈大笑。因为这样做会让孩子觉得自己的行为是正确的，从而难以纠正这一不良行为。

自尊心强

【释义】

在日常生活中，孩子因个性原因或教养方式有问题而引发的一种行为。如，听不得批评，只听得表扬。

心理学家认为，孩子自尊心强，既和天生的性情有关，也与后天的成长教育方式有关。通常，父母如果老是赞赏孩子，会导致孩子自尊心强。

【典型表现】

这种行为随时都有可能发生，不管是在幼儿园还是在家中，在与父母相处时，还是与小朋友相处时。如在家中，孩子与小朋友玩耍时，不小心把小朋友的玩具弄坏了，小朋友就会说孩子笨，孩子就会很生气。有时甚至对方并没有责怪他，他也会对自己的行为感到难堪，不能原谅自己。

【多发情形】

这种行为在幼儿园时，更易发生。如被老师批评或者比赛时输了，孩子就会不想上幼儿园了。但如果得到了表扬，孩子就会喜形于色。

【错误成因】

孩子自尊心强，多是由于以下几种原因：

（1）父母平时凡事爱争强好胜，在工作中有失误就不高兴，这易让孩子负面模仿。

（2）父母总是动不动就表扬孩子，就会让孩子恃宠而骄，听不得别人的批评，甚至会让孩子害怕面对失败与挑战。

（3）4岁孩子正处于自尊心敏感的时期，对于别人的负面评价非常敏感，甚至因此而自卑。

【解决方案】

孩子自尊心强，听不得批评或相反的建议时，父母可这样引导：

（1）如果自尊心强的孩子因比赛输了不高兴，父母可告诉孩子，一次比赛没得第一没关系，你依然是好孩子，我们依然爱你。这样做，就可以让孩子减少心理压力。

（2）采用讲故事的形式，让孩子明白因他人批评而不高兴，是不应该做的事。因为用故事的形式，比给孩子讲道理，更易于让孩子明了、接受。

（3）巧用淡化效应，如孩子能

吃完一碗饭，他可能会来表功。此时，父母告诉他，吃完饭是他应该做的，这样才是一个"正常"的小孩，否则是"不正常"的。

【误区警示】

孩子自尊心强，不要采用以下的错误做法：

☆自尊心强的孩子受不了批评时，父母骂孩子没出息。因为这易给孩子贴上不良标签。

☆孩子受不了批评就不批评他。这样会使孩子变得难以接受失败或别人比自己好。

☆拿孩子与其他孩子比较。如"你比×××强多了"这会助长孩子的自尊心，进而变得更加不能接受批评。

搞定难搞的孩子

PART3 5岁宝宝 →

5 岁宝宝心理特点与认知发展

对于 5 岁的幼儿来讲，已经在心理和生理方面有了一个很大的飞跃，这时如果家长细心观察会发现，孩子这时明显好带好管了。他更明白道理，也更能够理解别人了。虽然他的自我意识仍然非常强烈，但是他比 4 岁时明显更能接受建议和采纳意见了。

5 岁是幼儿游戏能力发展最快的时期。4 岁是还模仿不到位的角色游戏，现在已经能够模仿得惟妙惟肖了。而且 5 岁孩子已经能够自主组织游戏。会主动去同伴家里与同伴游戏，还能明确游戏中每个人的分工，并在游戏中履行自己的职责。这是一个不小的进步。

5 岁幼儿在游戏中逐渐结成同龄人的伙伴关系。他们会用更多的时间和小朋友相处，一同游戏，只

有遇到困难的时候才求助于人，或者请求帮助解决活动中的实际障碍，或者请求判断是非，有时则是要求成人对他们的成功加以肯定。

对于母亲来说，这时是松一口气的时候了，因为 5 岁幼儿已经能够正视分离，不会因为母亲的离开而再哭泣了。但是孩子还是会在独自外出时想"妈妈这时在干什么?"但一般不会因为这种想念而匆匆结束正在进行的游戏。

在良好教育下，5 岁幼儿开始懂得关心别人，如问候妈妈的病。愿意把自己的玩具、图书借给小朋友。在游戏中能团结友爱，互相提醒，遵守规则，想办法玩得好而有趣。开始有克制自己的能力，会自己去解决问题，如让别人先玩、充当自己不喜欢的角色等。

反　驳

【释义】

日常生活中，孩子因有"逆反心理"或个性比较强等原因引发的一种行为。

从儿童成长特点来看，孩子5岁时，已经有了自己的主观能动性，对大人的命令和安排越来越抗拒，此时，孩子就会出现顶嘴的毛病。

心理学家认为，这是孩子成长发展过程中必经的一个阶段，说明他的自我意识正在得到正常的发展。

【典型表现】

这种行为随时都有可能发生，特别是孩子与父母相处时。

如，父母说孩子天天看电视看到10点钟才睡觉。孩子肯定会反驳说："你还说我呢，你不也是每天都玩电脑玩到11点。"

通常，爱顶嘴的孩子，总会与你反着说，唱反调，如你说他这件事情做得不好，他立马给你顶回来。

【多发情形】

这种行为在父母要求孩子必须如何时或因孩子做错事批评孩子时，比较多发。如，早晨外面天气冷，孩子非要穿裙子去幼儿园。可父母如果对她说："把裙子换下来，外面太冷了！"孩子就会说："不，就要！"

当孩子正生气时，如果你说孩子，你跟他说一句，他就立即顶上你十句。

【错误成因】

孩子爱顶嘴，多由于以下原因：

（1）随着孩子语言能力的发

展，孩子到 5 岁时，口齿已经很伶俐了，但有时却不知如何表达自己的想法。当他的想法与父母的相悖时，孩子就会用顶嘴的方式表达自己的想法。

（2）5 岁的孩子见识广了，自我意识更强，对事物也有了自己的看法和想法，并且在一些事情上相当有主见，而当父母命令或强制他们做什么不做什么时，他们就会顶嘴。

（3）负面模仿。如父母举止粗暴，动不动就吵架，就会让孩子受到负面影响，如父母不如他意，就大吼大叫，甚至顶嘴。

【解决方案】

孩子爱顶嘴，父母可以这样做：

（1）父母可经常陪孩子做一些他喜欢做的事情。如你的孩子是男孩子，多陪他看看足球赛，看完后，父母可说出自己的看法，如这场比赛，谁不应该输，同时，鼓励孩子说出自己的看法，甚至对父母的观点进行反驳。因为让孩子把心中的想法和看法说出来，孩子就不会与

你顶嘴了。

（2）如果孩子顶嘴的习惯很难改变，不妨利用孩子喜欢的童话人物来引导他。教导他有不一样的意见时，要用正面的语言跟爸爸妈妈讲出来，不要顶嘴。

（3）当孩子不想做一件事，你可以跟孩子唱反调，如，孩子早晨总是让大人帮着穿衣服，你可以这样唱反调："娇娇看来永远学不会穿衣服了！"

（4）对孩子的顶嘴冷处理。因为不理他，孩子的情绪就会慢慢平静下来。平静下来之后再与孩子沟通，讲道理。

【误区警示】

孩子爱顶嘴，父母最好不要这样做：

☆骂孩子不听话。这样做会伤害孩子的自尊心，还会引起孩子内心的愤恨、埋怨。所以不能如此对待孩子。

☆说话声音大，要以此压制他。不要这样做，因为这会强化孩子的行为。

爱 哭

【释义】

在日常生活中，孩子因个性原因或情绪不良而引发的一种行为。从心理学角度来分析，这种行为是一种消极情绪。但有心理学家认为，对于孩子来说哭是一种交往方式。

【典型表现】

爱哭的孩子经常为一点微不足道的小事而哭泣不止。有些孩子想表达自己的想法，却怎么也说不清楚，就会急得哭了。父母或幼儿园老师对他说话大声了，他也会流眼泪。孩子哭时，一般都会感觉特别委屈。

【多发情形】

这种情形在与父母相处时，更易多发。就算为了一点小小的事情，

都会哭泣不已。比如：不给他买玩具就哭鼻子、晚上睡觉不陪着他就哭鼻子、抢玩具抢不过人家也哭鼻子、吃饭不合口味也哭鼻子。而父母劝慰孩子的时候，有些孩子一会儿就不哭了，而另一些孩子反倒哭得更厉害。

【错误成因】

孩子爱哭鼻子，与父母的教养方式不当有关：

（1）哭和笑都是比语言更直接的表达方式，也是5岁孩子爱用的表达方式，如很多孩子在身体不适时，都会哭闹。

（2）5岁孩子很在意父母的态度，如果父母对孩子的哭闹反应过激，如，孩子头磕破了，父母特别

紧张，一会儿看一看、一会儿摸一摸。孩子在感觉父母不关心自己时，就会用哭闹的方式引起父母关注。

（3）孩子爱哭，和个性有关，如天性敏感的孩子比较爱哭。此外，哭闹也是孩子宣泄不良情绪的一种手段。

【解决方案】

孩子爱哭鼻子，父母要了解原因，对症下药：

（1）如果孩子是由于敏感而爱哭，那么，孩子在哭闹时，父母可暂时不理他。或对他说："你要想哭就哭吧！"因为这样孩子就会因为父母淡然处之，而停止哭闹。

（2）如孩子感觉委屈而哭，就要先给孩子平时喜欢的玩具，转移他的注意力。等孩子不哭了，要让孩子把心中的委屈说出来。

（3）如果孩子无理取闹，想让父母满足他的不合理要求，那么，

父母可以让他先哭一会儿。等他哭够了，再告诉他，如："因为家里有好多玩具了，妈妈是不会给你买的！"

（4）当孩子摔倒或打针时，因为痛而哭，妈妈要这样对孩子说："你不是想当大英雄吗？大英雄如果打针，也会感觉痛，但他会咬着牙，忍着！"因为这样就能激励孩子，从而避免孩子大哭不止。

【误区警示】

孩子爱哭鼻子，父母万万不可这样做：

☆皱眉或者摇头，或当众说孩子爱哭鼻子。因为这样做等于给他贴上一个"爱哭的孩子"的标签。

☆千哄万哄。如，"别哭了，妈妈马上带你出去玩"，"别哭了，一会儿给你买好吃的"，等等。因为这会强化孩子的行为，会导致你越说他越哭得凶。

爱发问

【释义】

在日常生活中，孩子因好奇心强或满足自己的求知欲而引发的行为。这种行为的目的不是想难为父母，而是为满足自己的好奇心、求知欲。从儿童成长特点来看，孩子5岁时心理发育比4岁时迅速了很多。此时的孩子不仅活泼可爱，而且更爱发问。

【典型表现】

这种行为多发生在与父母相处时，最典型的表现是：他会时常冒出一些奇怪的想法，例如，"我为什么不能像小鸟一样在天空中自由自在地飞翔""天上的星星为什么总是一眨一眨的"等等。与4岁孩子相比，5岁孩子喜欢不停地问"为

什么"，对所有事情都充满探索欲。

相比三四岁的孩子，5岁的孩子提出的问题不仅多，而且涉及范围广，父母通常难以回答。

【多发情形】

这种行为在好奇心强的孩子身上比较多发，如，孩子在马路上看到汽车，就会问妈妈："汽车为什么跑得那么快"，妈妈如回答"因为它有四个轮子"，接下来孩子可能还会问"为什么汽车有四个轮子"，甚至重复地问同一个问题。由于孩子问的问题父母难以回答，因而面对孩子不断地发问，很多父母非常纠结。

【错误成因】

孩子好问，多由于好奇心强，

求知欲强，现具体分析如下：

（1）由于好奇心太强，孩子爱提问，甚至会提出一些古怪的问题，如，天空中为什么有那么多星星。

（2）思维活跃。相比4岁的孩子，5岁的孩子在思维能力方面有了很大的发展。活跃的思维让孩子对接触到的各种新鲜事物产生好奇，并不断向身边的人发问。

【解决方案】

5岁的孩子爱发问，父母可参考以下方法：

（1）如孩子因好奇而爱发问，而且所问问题比较简单的话，父母可直接告诉孩子答案。因为这样就能满足孩子的好奇心。

（2）如孩子问的问题比较难，父母无法回答，那么，直接告诉孩子不知道，然后带孩子去书店，和孩子一起在相关书籍中寻找答案。因为这样时间长了，就能让孩子养成遇到问题设法解决的习惯。

（3）孩子爱发问，父母可以引导孩子思考，如孩子问汽车为什么有四个轮子，可以告诉孩子："你想想看汽车为什么有四个轮子呢？妈妈可等着你的答案呢！"这样让孩子大胆去想答案，可以开发他的想象力。

（4）孩子爱发问，父母要鼓励并夸奖孩子，如，"我很喜欢你的问题，让我们一起想答案"；有时对孩子的提问，也可以不立刻提供答案，而是马上提出一个疑问，激起他更强的好奇心。

（5）父母可经常向孩子发问，如问孩子"水有什么用途""什么东西是尖的"等这类问题坚持时间长了，孩子的思路会更开阔，思维会更活跃。

（6）孩子好发问，父母可以给孩子买少儿版的《十万个为什么》《少年儿童百科全书》等类图书，因为这样既可满足孩子的好奇心，又能培养孩子良好的读书习惯。

【误区警示】

孩子爱发问，父母不要这样做：

☆给孩子错误的答案。如孩子问"我是从哪里来的"，有的父母说"你是从垃圾堆捡来的"。这样做既误导孩子，也易让孩子在知道真正的答案后，产生父母曾经欺骗自己的想法。

☆嫌孩子麻烦，如大声吼孩子"瞎问什么！"父母最好不要这样做，因为这样做不仅让孩子的想象力与创造力得不到发展，甚至有可能被扼杀。

不合群

【释义】

在日常生活中，孩子因性格或不知如何与小朋友交往等原因，而引发的一种行为。从心理学角度分析，这是一种退缩性行为。不合群的孩子一般性格孤僻，社会交往能力差，心里有无能感，逐渐变得自卑，或者富有攻击性。在5岁孩子身上，这种行为时有发生。

【典型表现】

这种行为多发生于孩子与小朋友交往时。如，带孩子去公园，看到很多小朋友在玩滑梯时，妈妈让孩子和小朋友一起玩，但孩子却不愿加入到玩耍着的小朋友们中间去，只想自己在旁边一个人安安静静地玩秋千。

【多发情形】

这种情形在幼儿园中更加多发。如，幼儿园老师让大家一起玩捉迷藏的游戏，很多小朋友都愿意参加，并玩得很高兴，但不合群的孩子却喜欢待在安静的角落里，看着别人玩。事实上，孩子不是不愿意和小朋友一起玩，只是怕受小朋友欺负。或者他比较调皮，如爱打其他小朋友，结果小朋友都不愿意和他玩。

【错误成因】

孩子不合群多有以下几种原因：

（1）父母教养方式不当。如孩子小的时候，很少带孩子出门玩。孩子稍大时，又怕外面空气不好，影响孩子身体健康。结果，就导致孩子怕生人，怕陌生的小朋友。

（2）不良环境。如，很多孩子由保姆照顾，保姆如不爱出门，不爱说话，孩子也会受不良影响，喜欢自己待在家里玩，很少出去。时间长了，必然就缺少与人交往的经验。这类孩子到人多的地方也不合群。

（3）很多孩子在家时，父母太溺爱孩子了，什么都由着孩子的性子来。但到幼儿园如果也这样，必然受到其他孩子的排斥，时间长了，这类孩子也不合群。

【解决方案】

孩子不合群，父母可这样做：

（1）父母可带孩子经常去孩子多的场合，去之前，让孩子多带几个玩具，并由他分配给其他孩子玩。这样就能让别的孩子喜欢或主动跟孩子玩。

（2）鼓励孩子跟年龄相仿的小朋友玩，父母可邀请孩子幼儿园的小朋友来自己家做客。当孩子因抢玩具而发生争执时，要鼓励孩子自己想办法解决。

（3）父母可教给孩子一些社交技巧，如，想玩小朋友的玩具时，要说"我能借你的玩具玩一会儿吗"，"我有大汽车，你有长枪，我们换着玩好吗"，等等。

（4）如果邻居的孩子与自家孩子上同一个幼儿园，可让他们结伴走。因为这样就能给孩子创造结交好朋友的机会。

（5）在其他孩子做游戏时，父母可以先参与，并做出玩得很高兴的样子。这样就能吸引孩子，从而对游戏感兴趣，并慢慢有参与的想法。

【误区警示】

如果家中有不合群的宝宝，父母不能这样做：

☆强逼着孩子去与小朋友玩。这样做会让孩子产生抵触心理。

☆听之任之，孩子不想去跟小朋友玩就不去。这样不利于孩子社交能力的发展。

发脾气

【释义】

　　发脾气是指在日常生活中，孩子因有不良情绪或某种需求没有得到满足而哭闹喊叫，甚至打人、骂人、摔门等行为。

　　心理学家认为，爱发脾气正是孩子有逆反心理的表现。5岁孩子爱发脾气，和他所受的教育有关，也与孩子个性有关。

【典型表现】

　　这种不良情绪反应在孩子心情不好时比较多发，如，看到大人在做饭，他要动电饭锅开关，如果父母不让他动，就会大声哭闹；有时他看见了一样喜欢的东西，你不给他买，他就生气地摔东西……这些都是爱发脾气孩子的典型表现。

【多发情形】

　　这种不良情绪反应在父母不满足孩子的要求时更加多发，特别是在那些具有独立性、想按自己的意志去行事的孩子身上，这种情形更加多发，比如，带孩子去超市或者商店时，天很冷，他却要吃冰激凌，如果父母不给他买，他就发脾气；在家时，他想出去玩，你不让，他马上大发脾气，坐地踢腿、抓什么扔什么，还大哭大闹。面对发脾气的孩子，父母非常尴尬。

【错误成因】

　　孩子爱发脾气，多受以下因素的影响：

　　（1）过度宠爱。孩子如果从小就生活在过度宠爱的环境中，家长从不拒绝孩子，孩子想做什么都可以，孩子就会心理承受能力差，一旦家长不能满足自己的要求，或者不能马上满足，就会感到无法忍受，进而大发脾气。

（2）孩子一发脾气，家长就顺从。这种态度使得孩子很容易把发脾气作为要挟父母的手段。一有不顺心的事，就大发脾气。

（3）想一次试探父母的反应。有时，孩子会故意发脾气，看这样做会有什么结果，父母会有什么样的反应，允许和不允许的界限在哪里。

【解决方案】

孩子爱发脾气，父母可以这样做：

（1）凡事多征求孩子的意见，尽量用温和的语气与孩子说话，如："你觉得呢？""可以等一等吗？"因为这样做可让孩子从小学会用温和的语言方式解决问题。有利于他克服暴躁的情绪，减少哭闹、乱发脾气的行为。

（2）孩子做事做不好发脾气时，可暂时不理他。如，孩子因为

画不好画而发脾气时，家长可以让孩子单独待一会，但要指出"你可以哭，但不许骂人，不许打人，不许摔东西！"

（3）在孩子心情好时制定规则：谁发脾气都得不到奖励，并会失去自己喜欢的东西，如玩具、衣服等。这样就能让孩子知道发脾气的后果不好，以后再也不这样做了。

（4）孩子在公共场合发脾气时，家长不要暴跳如雷，而要平静地告诉孩子，有问题回家说，不要在公共场合摔打、喊叫，那样非常没有礼貌。父母不乱发脾气，就能给孩子积极的心理暗示，从而有利于他改变乱发脾气的情形。

【误区警示】

孩子爱发脾气，父母最好不要这样做：

☆孩子发脾气时，父母一个劲儿地哄劝。孩子在气头上时父母的哄劝，易强化孩子的胡闹行为，对纠正孩子的行为不利。

☆责骂他。责骂易让孩子产生对抗心理，加重不良行为。

性子急

【释义】

在日常生活中孩子因缺少耐性或个性原因而引发的着急、发怒，甚至伤心等。心理学家认为，5岁孩子性子急，多是由于有急躁情绪、自我控制力差。通常，性子急的孩子做事速度快，但比较粗心。

【典型表现】

这种行为多发生在孩子的某种要求没得到满足时。如孩子感冒刚好，就想出去玩，若父母禁止的话，父母的一声"不行"后，他就马上歇斯底里地大哭起来。

性子急的孩子与小朋友相处时，常会跟其他小朋友动手打架，特别是发生争执说不过人家时。

【多发情形】

这种行为在父母不太关注孩子的要求时，更加多发。特别是孩子本来就比较着急时，如孩子想要水果，父母却老说等会拿，性子很急的孩子就会吵闹。

性子急的孩子做事也急，而且爱争强好胜，如玩游戏时如果输给小朋友，就会急得直哭。

性子急的孩子，通常不达目的不罢休，只要是他们想做的事情，就一定要做到，并且有点急不可耐。

【错误成因】

孩子性子急，主要有以下原因：

（1）个性原因。有些孩子从小就性子急，自己的要求没有得到及时的满足就哭闹，这些孩子甚至在新生儿时期就表现出这种急不可耐。这些孩子即使长大了，也仍然表现得急躁，不能忍受等待，缺乏耐心。

（2）对父母的模仿。如果父母性子急，做事只求速度，不求质量，或者面对突然发生的事情往往急躁、不能冷静对待等。父母的这种做事风格孩子也会模仿，进而成为急性子。

（3）性格活泼、注意力差的孩子，往往更加急躁。这些孩子因为注意力转移的速度快，所以更加缺乏耐心和持久性，做事情更加急不可耐。

（4）过于娇纵的孩子，往往因为家人的溺爱，不习惯等待，所以表现得更加急躁。

【解决方案】

孩子性子急，父母一定要注意引导，引导性子急的孩子时，可参考以下方法：

（1）孩子在做一件事情，父母最好陪在一边，如孩子下棋。因为孩子在做一件事情时，身边有父母陪着，孩子的忍耐度就会提高，他的性子会因此变得平和。

（2）当孩子做事遇到挫折，感到急躁时，父母可以坚定而温和地鼓励孩子："宝宝一定可以做到，我们来试一下吧。"如果孩子实在不愿意自己做，那么父母可以给孩子起个头，然后鼓励孩子自己继续往下做。

（3）孩子性子急，易冲动，可让孩子学下棋。因为下棋时，要走哪一步棋，需要孩子思考，既能锻炼孩子的思考力，又能纠正孩子的急性子。

（4）孩子因为性子急哭闹时，父母可离开身边几步，或者坐在一边，让孩子单独待一会儿，因为这样做就可为他提供发泄情感的机会，但要确保他不会伤害到自己或别人。

（5）孩子性急时，父母一定要心平气和，同时，要对孩子提出一些具体的建议，鼓励他做一些喜欢做的事。如："要不要听你喜欢的儿歌？""要不要看电视？"这样就分散了孩子的注意力。

【误区警示】

孩子性子急，父母不要这样做：

☆骂孩子或表现出不耐烦。如果父母本身就习惯于用暴躁的情绪来表达自己，会让孩子因负面模仿，而难以改掉自己的急性子。

☆不加理会。5岁宝宝正处于性格形成的重要时期，父母的不加理会会令孩子形成急躁的性格。

爱插话

【释义】

在他人说话时，孩子因自控力差或好奇心太强，或说话时机不当而引发的一种行为。在成人看来，这是一种非常不礼貌的行为。但心理学家却认为，孩子爱插话，是非常正常的一种行为。特别是5岁的孩子，此时的孩子见识增加，喜欢说，如果说话的时机恰当，大人就认为孩子会说，反之，就认为他爱插话。

【典型表现】

这种行为随时都可能发生，特别是在家中时，如父母正接朋友的电话，孩子就可能在一边大喊"你谁啊"或模仿父母说话！而父母聊天时，孩子总在一旁插话，非让你

理他不可，大人的谈话屡屡被孩子打断。如果父母不说，想听孩子说，他可能就又不说话了。

【多发情形】

这种行为在与父母或小朋友相处时更加多发。如，与几个小朋友在玩游戏，有一个小朋友说如何玩，可爱插话的孩子往往不等人家说完，就提出建议："我看要这样，我看要如何如何。"在家时父母在说某事，孩子也爱掺和。如果父母不听他的，就会妈妈爸爸地叫个不停。孩子爱插话，是他们自我意识发展的反映，说明他们有了自信心和自尊心。

【错误成因】

孩子为何爱插嘴呢？这可能与以下因素有关：

（1）好奇心强。孩子好奇心强，对他人的讲话内容感到有兴趣时，就有可能通过插话这种方式，来寻找"疑问"的答案。这种行为在5岁孩子身上非常常见。

（2）孩子为何爱插嘴？是由于随着孩子自我意识的不断发展，他们慢慢懂事并产生自信心和自尊心的基础，所以他们希望通过插话来表达自己。

（3）缺少耐性。如看到别人说某事时，急于表达自己的不同看法或意见。由于没耐性等别人说完，只好插嘴了。

（4）求知欲高。孩子年龄小，见识少，求知欲却高，当大人讲到他闻所未闻之事时，他肯定会插话提出很多的问题，这是他们获得知识的途径。

【解决方案】

孩子爱插嘴时，父母可这样做：

（1）教孩子一些说话的技巧，如有急事插话时应先说"对不起""妈妈，我现在可以说一句话吗？""妈妈，我有急事先说一句可以吗？"并安静地等待大人的回答。因为这样就易让孩子养成礼貌说话的习惯。

（2）孩子如急于表达自己的想法，父母要心平气和地与其商量，如："等妈妈和叔叔讲完了你再说行吗？"因为这样就让孩子明白，只有等别人说清楚一件事情时，自己才可以说，才能轮到自己说。

（3）孩子在插嘴时，父母也可让孩子把自己想说的话说完，然后再告诉孩子道理："你看，妈妈能等你把话说完再接着说，你也应该像妈妈一样。"因为父母这样做，等于言传身教以身作则，这就易让孩子积极模仿，从而改变插嘴的习惯。

（4）父母商量重要的事情时，可以先让孩子做一些喜欢的事，如，玩拼图、积木等需要花费很多时间的游戏。因为孩子有事做，就不会有受冷落的感觉，也不会因此老插嘴了。

（5）如父母没事，可以与孩子多聊天，孩子着急时，要告诉孩子慢点没关系，等你说完了我再说。这样也可以让孩子明白，说话要等一个人说完，另一个人才能说。时间长了，就会形成一种规矩。

（6）家中来客人时，如果父母不想孩子插嘴，可把孩子安排到另外的房间。如让孩子待在身边，可让孩子看动漫书或玩玩具。等他玩累的时候，一定要和他说说话："故事中讲的是什么啊？"因为这样为孩子提供了说话的机会，你再与客人谈话，他不会因感觉无聊而插嘴。

【误区警示】

孩子如果爱插嘴，父母不能这样做：

☆孩子插嘴时，态度粗暴，如骂孩子，哪来这么多废话！父母不要这样做。因为这等于不尊重孩子的意见，会打击孩子说话的积极性，让孩子变得不爱说话，同时也不利于满足孩子的求知欲。

☆平时毫不顾忌地随便打断孩子的话，和孩子意见不一时，甚至粗鲁地让孩子闭嘴。这易让孩子负面模仿。

盲目崇拜

【释义】

在日常生活中，孩子因好奇心强或感觉好玩而引发的一种行为。从儿童成长特点来看，5 岁孩子的好奇心强，探索欲强，而一些动漫人物则神通广大，上能上天，下能入地，这在一定程度上满足了宝贝们对宇宙这一神秘空间的好奇和探索的欲望。因而，许多 5 岁的孩子喜欢，甚至崇拜动漫人物。

【典型表现】

这种行为随时有可能发生，特别是与小朋友一起玩耍时，最典型的表现就是喜欢模仿，或沉迷电视。不仅喜欢模仿所崇拜动漫人物的动作语言，甚至会模仿其打扮。当然，也喜欢看所崇拜人物的相关书籍或电视、碟片，如，有的小朋友喜欢奥特曼，就爱看有关奥特曼的碟片，玩有关奥特曼的玩具。通常，男孩子崇拜奥特曼之类惩恶扬善、带些英雄传奇的人物，女孩子喜欢美羊羊或一些公主型的人物。

【多发情形】

这种行为在生活单调，喜欢看书或看电视、光碟的孩子身上更加多发，如，父母工作忙，让孩子看看书或看电视、光碟打发时间，孩子很少与外面接触，这样孩子的生活就比较枯燥，就喜欢看一些他觉得有趣的电视、光碟。看完后如觉得好玩，还会再看，甚至会模仿其中的一些人物的行为举止，而对其他事物不再感兴趣。这种行为让父

母非常担心。

【错误成因】

孩子喜欢或崇拜动漫人物，多由以下几种原因所致：

（1）5岁孩子好奇心强。而一些动漫中的人物，如"奥特曼"和"怪兽形象"，一个是"英雄"、一个是"坏蛋"，正满足了孩子的好奇心。

（2）5岁孩子富有想象力，但由于父母保护多，不让出门，许多孩子的生活比较单调，生活得孤独和压抑，这让孩子更渴望自由活动、自主交往，而动漫人物，如奥特曼勇往直前，行动自由的情节，以及一些厮杀打斗的场面，正好让孩子宣泄了压制已久的情绪。

（3）社会环境的影响。现在很多孩子喜欢动漫人物，5岁孩子年龄小，自制力差，认识水平有限，所以就会盲从一些流行的东西，如动画片，从而喜欢上其中的人物。

【解决方案】

孩子喜欢或崇拜动漫人物，父母要积极引导：

（1）家中有崇拜动漫人物，如崇拜奥特曼的宝贝，父母可建议他看其他动画片，这样就可转移孩子的注意力，从而避免孩子因模仿奥特曼打斗，而变得比较爱打架。

（2）如孩子崇拜动漫人物，父母要经常带孩子进行体育锻炼，如经常与孩子一起去爬山、游泳、踢球等，因为这些运动既能丰富孩子生活，又能有助于其骨骼的生长，同时也可以发泄压抑的情绪。

（3）父母还可带宝贝到大自然中，观察日月星辰，采集树叶，捉昆虫，制作标本，因为这样可满足孩子的好奇心与求知欲，时间长了，必能让孩子不再崇拜动漫人物。

（4）平时，父母可多给孩子讲故事，或陪孩子一起做手工、玩智力游戏等，因为这样做，既能开发孩子的智力，让他的想象力在智力游戏中获得满足，又会让孩子不再沉浸于对动漫人物的崇拜中了。

【误区警示】

孩子喜欢或崇拜动漫人物，父母不可这样做：

☆听之任之，认为这不是坏毛病。为何不能这样做？当然是由于孩子小不能辨别是非曲直，真善美丑，如果什么都跟着学，就会有不良行为或习惯形成。

☆采取强制措施，不让孩子崇拜、模仿。如一看孩子模仿奥特曼打闹，就骂他。这种做法不可取，因为这会强化孩子的行为。

冲 动

【释义】

在日常生活中，孩子因控制力差或遇事不假思考而引发的一种行为。从儿童成长特点来看，婴幼儿中枢神经系统的发育不够完善，尤其是大脑皮层兴奋与抑制过程还不是很平衡。因而，一旦遇有外在的刺激，就会非常紧张、激动而不能自控。孩子冲动时，会很难控制自己的情绪，因而失去理智，这让很多父母非常头大。

【典型表现】

这种行为多发生在孩子遇事时，特别是遇到刺激时比较多发。孩子冲动有很多种表现，一般表现为情绪上的冲动，如，动不动就发火。这种情形要持续半个小时左右，之后，一切都像没有发生似的。

也有些孩子表现在做事时冲动，做事不假思考，或不考虑后果，想起来做什么就做什么。如，小朋友骂他或推他一下，他就会对小朋友大打出手，直到小朋友家长召集自己的父母来了，孩子才知道惹了麻烦。

【多发情形】

这种行为在好奇心强或比较调皮好动的孩子身上比较多发。当孩子对一物品好奇、感兴趣时，如，对爸爸的电脑感兴趣时，就会乱动电脑，结果就把电脑弄坏了。这是因为顽皮的孩子最缺少的是克制冲动、理智判断及学会全面自控的能力。

【错误成因】

孩子易冲动主要由以下几种原因所致：

（1）受个性因素影响。通常，外向型的孩子活泼好动，但还没学会控制自己的冲动，遇事也不会考虑后果，从而爱冲动。

（2）受父母言行举止的影响。在生活中，如果父母遇事不冷静，行事太极端，爱冲动，孩子也会有样学样。

（3）父母对孩子的"保护"太多。如，老让孩子待在家中，不允许孩子出去玩等，时间长了，孩子的个性就比较"封闭"，一旦有什么不满就会表现冲动。

（4）成长的需要。5岁的孩子，神经系统的兴奋过程和抑制过程虽然都有所发展，但兴奋过程仍占优势，这会让孩子在极度兴奋时，行事冲动。

（5）好胜心强。5岁的孩子年龄小，好胜心强，做事考虑得不全面，就会表现为不考虑后果，冲动。

（6）好奇心强。5岁的孩子年龄小，好奇心强，当他们想往哪里跑或者想碰一下什么东西的时候，他们就表现冲动。

（7）孩子的情感是不稳定的，遇到不喜欢的人或厌恶的事情时就会生气、冲动。

【解决方案】

孩子做事冲动，父母可这样引导：

（1）父母一定要让孩子多参加一些集体活动，经常与小伙伴在一起，学会用冷静、谦虚的态度去处理与小伙伴的一切矛盾。因为这样做时间长了，孩子就会形成理智而冷静的人格特征。

（2）如果孩子出于好奇而冲动地破坏了你心爱的东西，父母要耐心地告诉他，如"你看你不小心把电脑弄坏了，再花钱多浪费，以后做事一定要细心、认真，再想开电脑时，要告诉妈妈，妈妈会告诉你怎么开"。

（3）孩子因冲动打小朋友时，父母一定要让孩子自己去跟小朋友赔礼道歉。让他明白冲动要自己承担责任。

（4）教孩子一些行事技巧，如想做某事情，要深呼吸五次，之后再决定如何做。

【误区警示】

孩子做事冲动，父母不可走入这样的误区：

☆大惊小怪。如，父母当着孩子的面对朋友说："我家孩子做事太冲动了！"因为孩子做事冲动、不计后果是普遍现象，父母大惊小怪会强化他的冲动行为。

☆孩子因冲动做错事，一些父母会斥责他说："有你这样的吗？好的电脑就让你这样弄坏了！"因为这易让孩子负面模仿，遇事时脾气也会火暴。

腼 腆

【释义】

孩子与人交往时，因胆小、内向或缺少自信而引发的一种行为。从心理学角度分析，腼腆其实是一种社交障碍。腼腆的孩子多缺少自信，而如果一个人小时候腼腆而父母漠不关心，那么，这种状况就可能持续很长时间，甚至终生。

【典型表现】

这种行为只发生在孩子与人交往时，如，在家话还比较多，和小朋友也还玩得来，但一遇到大人，就算是很熟悉的邻居，孩子还是低着头，躲到父母身后或者不说话。如果有人问他话或开玩笑，他要么不吱声，要么说话声音很小。腼腆的孩子在幼儿园也表现得与其他孩子不一样，如早上把他送进幼儿园，他不会主动与老师打招呼，见了老师只是笑，如果别的小朋友和老师打招呼，他就会跟着别的小朋友和老师打招呼。

【多发情形】

这种行为在父母带孩子出去玩耍时更加多发，特别是在陌生人多的场合，孩子会更加腼腆，如孩子原本在家爱说爱唱，活泼可爱，但在陌生人多的场合孩子就会闷声不响，而且说话总低着头，爱脸红，一点也不活泼。

【错误成因】

孩子腼腆，多是由于以下原因：

（1）孩子5岁时，自我意识较强，特别在意他人的看法，在人多的场合时，总是把注意力放在自己身上，总怕自己出什么差错。这样就会紧张、腼腆。

（2）孩子个性所致。一般来说，个性比较内向，比较胆小的孩子，生性害羞、腼腆、不爱与人说话。此外，个性敏感且自卑的孩子，缺少自信心的孩子，也多害羞、腼腆。

【解决方案】

孩子腼腆，父母可用以下方法帮孩子变得落落大方：

（1）如果自己家的孩子腼腆，怕见生人，父母可先请同事或朋友家的孩子来家玩。等孩子与那些孩子玩熟悉了，再带孩子去同事或朋友家玩，之后，再慢慢带孩子去人多的场合。因为这样做就可以慢慢让孩子适应陌生的人或环境。

（2）多带孩子去热闹的地方，如商场、动物园等地方，并鼓励孩子和生人一起合影，合影要告诉孩子如何对别人说，如"您好，我可以与您合个影吗？"因为这样就给孩子提供了锻炼说话的机会。

（3）父母可培养孩子的特长，如让孩子学唱歌，并带他去公园练唱。孩子唱歌时，父母可以带头鼓掌。因为孩子喜欢得到喝彩的掌声，就会增强在生人面前表现自己的信心。

（4）父母可让孩子帮自己买一些简单物品。如让孩子去附近的报摊，帮自己买份晚报或杂志。孩子去买时，父母可远远地看着，但不要靠近他，因为这样就能让他去主动和别人交流，从而提高交际技巧。

【误区警示】

孩子腼腆，父母不能这样做：

☆贴"标签"，如当着邻居的面说"我儿子腼腆"。因为这会给孩子不良的心理暗示，从而让孩子更腼腆。

☆嫌孩子丢面子，而不带孩子见朋友或同事。因为这样就会让孩子因缺少锻炼机会而更腼腆。

嫉妒心强

【释义】

在日常生活中，孩子缺乏自信或太在意他人的评价，或竞争意识强，发现自己在才能等方面不如别人而引发的情绪反应。从心理学角度来分析，嫉妒是一种不健康的心理，是消极的情感表现。通常，嫉妒心强的小孩，好胜心也强。

【典型表现】

这种心理多发于好胜心强的孩子身上，对于5岁孩子来说，最典型的表现是：如果看到父母对其他小朋友，或家中亲戚的孩子好，他就会不高兴。而在幼儿园时，孩子如果看到老师表扬哪个小朋友，他就会心生嫉妒。此外，如果哪个孩子比自己的玩具、用品、零食多，而又不和自己分享的话，孩子也会因此而嫉妒，进而产生失落、羞愧、愤怒、怨恨等组成的复杂心理。

【多发情形】

这种心理在他人受到表扬或比自己成绩好时，更加多发。在这种不良心理作怪下，很多孩子认为自己不比受表扬的孩子差，有的还会当面揭发受表扬孩子的缺点。如，幼儿园老师夸玲玲懂事，但小雪不服气，认为玲玲不如自己，此时，她就会告诉老师："玲玲昨天去小超市买零食吃了，我没有买！"或"老师，我比玲玲唱得好！"当然，孩子也会因为嫉妒不喜欢那个被夸奖的小朋友或不喜欢老师。

【错误成因】

嫉妒是一种不健康的心理，这种心理如何产生的呢？现在具体分析如下：

（1）父母教养方式不当。如一些父母总用夸奖赞美的方法来教育孩子，时间长了，必然会使孩子产生骄傲情绪，自大心理。而当发现有人比自己还要好时，这些孩子就无法接受，于是产生了嫉妒。

（2）认知能力有限。5岁孩子自我意识较强，但认知能力有限，如，很多孩子认为好东西都应该是自己的，如果发现别的东西比自己的好，就会产生嫉妒心理。

（3）个性原因。如有些孩子比较敏感，而一些父母不了解孩子的这一心理特点，总是拿自己的孩子与别的孩子比较，如，"你看你，就不如×××"，这会让孩子觉得妈妈欣赏别人，不喜欢自己，于是使孩子产生不服气，也会导致嫉妒。

（4）攀比心理。5岁的孩子已知道与周围的伙伴攀比，如果比较之下，感觉自己不如伙伴强，就会因为不甘而嫉妒同伴。

【解决方案】

如果父母发现孩子嫉妒心强，可这样引导孩子：

（1）父母要培养孩子广泛的兴趣爱好，如画画、下棋，并经常让孩子和其他孩子进行比赛，如果孩子输了，父母再心平气和地安慰孩子："比赛输了是正常的，不过呢，你要想下次得第一，可要好好努力啊！"因为这样就可将孩子的嫉妒，化作向上的动力。

（2）如果家中孩子多，其中的一个孩子嫉妒心强，父母一定要注意了，如在夸其他孩子听话时，也要夸一下嫉妒心强的那一个孩子。或在孩子整理房间后，给孩子都发一个小星星，告诉他，他很棒。因为这样做孩子就不会嫉妒他人了。

【误区警示】

如果父母发现孩子嫉妒心强，千万不能这样做：

☆总说自己家的孩子不如别人。因为这是一种不恰当的比较，会让孩子更加嫉妒他人。

☆总指责和批评孩子嫉妒心强，小心眼儿。因为这会让孩子更加苦恼，孩子因嫉妒产生的不良情感也无法得到宣泄。

盲目攀比

【释义】

在日常生活中，孩子因嫉妒或竞争意识等原因而引发的一种行为。从心理学角度分析，孩子爱争强好胜，是抗打击能力、抗挫折能力弱的表现之一。从儿童成长特点来看，5岁的孩子自我中心意识较强。同时，又有攀比心理，因而就爱争强好胜，而爱争强好胜的孩子多过分敏感，容易嫉妒他人。

【典型表现】

这种行为多发生在孩子与小朋友相处时。通常，爱争强好胜的孩子，做事总喜欢和别人做比较，如果别人比自己强，就难以接受。爱争强好胜的孩子，在做事时，也不易接受他人的批评，往往一说就哭闹。如果父母此时夸奖他几句，他会停止哭闹。争强好胜的孩子总爱让同伴服从自己，玩游戏时喜欢扮演领导者的角色。争强好胜的孩子，总是别人有的东西他都要，玩什么游戏非要争第一名。

【多发情形】

这种情形在孩子受到批评或遇到某次挫折时，更加多发。如，父母说他不如邻居的孩子好，他会很不开心。而在幼儿园，老师教孩子唱歌，当老师夸他学唱歌学得快时，他会表现得很开心，但是如果老师说茜茜唱得最好时，他就会变得很沮丧，就会不开心、哭闹。

【错误成因】

孩子爱争强好胜，多是由于以

下几种原因：

（1）父母溺爱孩子，感觉孩子做什么都是好的，这很容易滋长孩子的自我意识，而自我意识的孩子，则非常在意他人的评价。如果感觉什么方面不如他人，孩子就会心理失衡。

（2）很多父母本身爱争强好胜，如果某一方面不如别人，就会情绪低落，如，不高兴，打不起精神来。这易让孩子负面模仿，让孩子越来越好胜。

【解决方案】

孩子爱争强好胜，父母可用以下方法引导：

（1）孩子爱争强好胜，父母可以经常与孩子玩一些游戏，如，一家人在一起玩成语接龙或讲故事。如果孩子输了，要鼓励他接着玩。如果父母输了，父母一定要拿出一副无所谓的样子，并大声说："这回输了，只要我努力，下回一定能赢你。"因为这样说易让孩子积极模仿，时间长了，孩子自然明白，做事有输有赢是很正常的。再输就不会有不良情绪了。

（2）当孩子为自己做的事情骄傲时，如，孩子学会了写自己的名字时，父母可以说："宝宝，学会做一件事情时感觉好吗？如果你喜欢这种成就感，就多多努力吧。"因为这样做是引导孩子平和地接受胜利带给他的愉悦，既能鼓励孩子进步，又不会让他生出得意忘形的心理。

（3）平时可给孩子多讲一些故事，如爱迪生发明电灯的故事，他做了多少次实验，失败几十回、几百回，最后才成功发明电灯。因为讲这样的故事，就可让孩子明白，要想比他人强，就要多努力，多付出。

【误区警示】

孩子爱争强好胜，父母不可这样做：

☆要求孩子必须得第一。因为这对孩子期望太高，会加剧孩子争强好胜的心理。

☆当孩子在比赛中失败时，骂孩子笨。因为这样会打击孩子的自信心。

☆总说"你不如××"，因为这种不当地比较，会在无形中造成孩子过分争强好胜的心理。

孤 僻

【释义】

在日常生活中，孩子因缺少交际经验或居住环境封闭等原因而引发的交往障碍。性格孤僻是自我封闭的一种形式，封闭的目的不在于不想与他人交往，而在于保护自己，如，不让自己在与人交往中，受到其他孩子的嘲笑或打骂。从心理学角度来分析，性格孤僻不合群，实质上是孩子依赖性强和缺乏独立性的表现。这种情形在5岁孩子身上非常多发。

【典型表现】

性格孤僻多表现在与他人交往时，神情、言语以及举止方面的异常，如，在幼儿园，不爱与小朋友一起玩耍，常常一个人独自待在角落里，不让别人接近他。小朋友叫他他也不爱理睬人家；自幼儿园回家后，就待在屋里看电视、玩耍。性格孤僻的孩子多不开朗、爱钻牛角尖，喜欢安静的游戏和没有竞争的游戏，较难适应环境的变化。

【多发情形】

性格孤僻在人多的场合表现得更加突出，如，在公园中，很多小朋友都去玩滑梯、荡秋千。但性格孤僻的孩子，则不爱与这些小朋友一起玩耍，而是跑到一边自己去玩。也有些性格孤僻的孩子，有"两面的表现"，如在家中言行大胆活泼，在外面却非常胆怯、拘谨，甚至害羞。性格孤僻的孩子，也不爱关心别人。通常，性格孤僻的孩子会对高压锅、排气扇、抽油烟机、液化灶、空调外机、下水道等感兴趣。

【错误成因】

孩子性格孤僻是一种交往障碍，不同成长背景的孩子其交往障碍产生的原因也不同，现具体分析如下：

（1）居住环境封闭。现代的父母工作忙，孩子从小如由老人或保姆代养，而老人或保姆又不爱出门活动的话，孩子也会因此缺少与外界事物和环境的接触，时间长了，孩子就会因接触人少，变得性格孤僻。此外，孩子由他人代养，缺少母爱，缺少安全感，也会性格孤僻。

（2）受体质因素的影响。如果孩子体质弱，就会缺乏活动的耐性和持久性，这就会导致孩子与小朋友玩耍时，如追逐、嬉闹、游戏、比赛时易落后，从而被小朋友奚落。抗挫折能力差的孩子就会采取逃避的方式应对，时间长了，就会变得性格孤僻。

（3）孩子生性怯懦，难于融入伙伴群体之中；或缺乏必要的交往技能，与同伴相处时有过不成功的经历，也会导致孩子性格孤僻。

【解决方案】

孩子性格孤僻，父母可以这样引导孩子：

（1）父母可先从帮孩子增强体质做起，如，每周带孩子去登山、游泳等，因为这样做就可以锻炼身体，避免孩子因体力差，受小朋友奚落而导致的性格孤僻情形出现。

（2）如果家中有性格孤僻的孩子，父母可以鼓励他参与感兴趣的活动，比如跳舞、打球等。因为这些活动既能让孩子增强体质，又可以让孩子体会到快乐，从而变得个性活泼或活跃，有利于改变孤僻、不合群现象。

（3）父母可以帮孩子邀请亲戚家的孩子到家里来做客，一开始先邀请一个孩子，而且最好是性格开朗的、热情好客的、好说好动的孩子。因为与这样的小朋友交往，就可让他积极模仿，从而锻炼交往能力，而等他体会到友情的快乐时，再多请几个孩子与他一起玩，循序渐进，慢慢地孩子就会喜欢与多个小朋友一起玩了。

（4）教孩子一些交流技巧。家中亲戚打来电话时，可以让孩子先去接电话，接电话前告诉孩子如何使用礼貌用语，如"您好，您是××"，"您好，请问您找谁"等。因为这样就让孩子掌握了一些基本的交流技巧，孩子熟悉了这些技巧后，就不会怕别人笑话自己做不好，从而会大胆与人交往了。

（5）平时父母可多与孩子聊天，如，经常问他：你今天高兴吗？今天与哪些小朋友玩了？有什么有趣的事？因为这也是一种锻炼他的沟通、交谈能力的方式。

（6）如果父母采取很多方法，但孩子还是性格孤僻，那么父母就要"逼"着孩子去与人交流。如带他去旅游，到了陌生的地方，父母可以佯装不知如何走了，此时，可让孩子去向陌生人问路。

【误区警示】

孩子性格孤僻，父母千万不要这样做：

☆从幼儿园把孩子接回来，就给孩子打开电视。因为这样做会导致孩子性格更孤僻。

☆怕孩子受欺负，不让孩子与其他孩子一起玩。因为这样就会让孩子缺少与其他孩子交际的机会，从而变得性格孤僻。

缄　默

【释义】

孩子与人相处时，已经具有语言能力的他因个性胆小内向或情绪不良等原因而导致的一种不良行为。如，不愿与不熟悉的人说话，常被父母认为是胆小、害羞的缘故。其实这是一种交往障碍，即心理学上的选择性缄默。从心理学角度来分析，这是由于孩子社会认知能力差，是因为缺乏实践机会的一种表现，而且在5岁女孩身上比较多见。

【典型表现】

这种不良行为多发生于一些对孩子来说比较陌生的场合，如，有些孩子在幼儿园或面对陌生的人时，比较沉默，不爱说话，甚至会长时间沉默不语，一语不发。但在熟悉的场合，比如，在家中与家人相处时，这些孩子多爱说话。也有一些孩子是在家时不爱说，但到了幼儿园就爱说一些。

【多发情形】

这种行为在孩子很少去过的场合，更加多发。如父母带孩子去参加朋友的婚宴，平时基本能与人交流的孩子，在婚宴上就表现得特别拘束，如，吃饭时，父母问他要吃什么东西时，他就会用手势、点头、摇头等动作来表示自己的意见，或用"是""不是""要""不要"等最简单的单词来回答问题。

【错误成因】

孩子不爱说话，甚至总是选择性缄默，主要是由于以下几种原因：

（1）个性原因。通常个性敏感、胆小、害羞、孤僻、脆弱、依赖性强的孩子，在特定的场合，如人多或陌生的场合，不敢跟陌生人说话，从而就显得不爱说话。

（2）语言发育成熟延迟。有些孩子语言发育成熟延迟，虽然孩子已经5岁了，但说话还不是很流利，爱重复一些语句，甚至一着急就会口吃。这样的孩子到了特定的场合，就不敢说话。

（3）与情感创伤的经历有关。通常，父母关系不和、经常吵架、分居离异，或父母经常把对方的一些怨恨情绪发泄到孩子身上，如，打骂孩子，就会让孩子因情绪紧张或恐惧而选择性缄默。

（4）如果孩子认知能力差，不擅长和外面的人打交道，孩子也会怯生而选择性缄默。

【解决方案】

孩子选择性缄默，父母不妨这样引导孩子变得爱说、能说：

（1）父母可多带着孩子去人多的地方玩，鼓励他和陌生的小朋友去说话、接触，让孩子慢慢习惯。因为等孩子习惯与生人说话了，那么，就不会选择性缄默了。

（2）如果孩子语言能力差，父母平时要和孩子多说话，每天必须抽出至少半个小时和孩子聊天，并教给孩子一些技巧，如，孩子想喝奶，可这样让孩子说："妈妈，我要喝奶，帮我拿一个酸奶好吗?"如果孩子只说简单的词，可让孩子多说几个词，因为多说话，就可以让孩子变得爱说、能说。

（3）平时，父母可带孩子去小区健身区或公园做游戏，如，一起踢毽子、打球等，因为这样就可转移孩子的注意力，从而分散其紧张情绪，让孩子不因情绪而不爱说话。

（4）父母以及家人要多陪孩子。与孩子在一起的时候，可以与孩子一起读故事、背唐诗等。因为这样既能减少孩子单独静坐独处的机会，又能给孩子提供锻炼语言能力的机会。

【误区警示】

孩子选择性缄默，父母不能对孩子采取简单粗暴的方法：

☆当孩子沉默不语时，强迫他和人打招呼。因为这样做会使孩子的紧张情绪进一步加重，甚至出现"反抗心理"。

☆当着孩子的面吵架。因为这会给孩子不良刺激，让孩子变得更不爱说话，特别是不爱在父母面前说话。

推卸责任

【释义】

在孩子犯错时，孩子因为逃避惩罚或缺少责任心而引发的一种行为。这种行为的目的不在于故意推卸责任，而在于逃避惩罚，如怕爸妈打骂，怕幼儿园老师批评等。心理学家认为，孩子推卸责任，实质上是孩子自卫的一种心理。从儿童成长特点来看，5岁的孩子属于半被动半理解的责任阶段，开始明白"担当自己的责任"，但没有真正地理解什么是责任，责任的寓意等。因而，5岁的孩子多爱推卸责任。

【典型表现】

这种行为多发生在与父母相处时，孩子总爱找各种借口为自己辩护，推卸责任，最典型的表现就是损坏或弄丢东西、偷吃食物或打哭别的孩子等错误行为被发现后，比如，把玩具玩坏了，妈妈责怪他，他就会说是邻居家的小刚玩坏了。也有的孩子会在不想做事时，推卸责任，如，玩完玩具，妈妈让他收拾，他说："爸爸说他吃完饭后会收拾的。"过了一会儿，妈妈再让他收拾，他就说："我累了，妈妈帮我收拾吧。"

【多发情形】

这种行为在孩子犯错后更加多发，如，不小心将吃饭用的碗或喝水的杯子打碎了等。如果家中有姐妹的话，姐姐就会说是妹妹打碎的，妹妹呢，则会说是姐姐打碎的，不

是我。如在幼儿园中打了小朋友，孩子就会说某某小朋友打的，不是我打的。孩子不承认错误，推卸责任，多是没有勇气，或怕受到父母或老师的批评与惩罚。

【错误成因】

孩子推卸责任，多与父母或幼儿园老师教养方式不当有关：

（1）父母对孩子简单粗暴，孩子如果犯错，非打即骂，而不是循循善诱地说服。因而，孩子就会为逃避责罚而"拒不认账"。在大人看来就是推卸责任、"说谎"。

（2）幼儿园老师批评不当。如果幼儿园老师爱当众批评孩子，而孩子好胜心又强的话，那么，孩子就会感觉丢面子，为了保面子，孩子就会在犯错时推卸责任。

【解决方案】

（1）让孩子明白做错事就得负责任。如打破了邻家的玻璃，父母不要骂孩子，而要带孩子去道歉，并给邻居买新玻璃，而且买新玻璃的钱要从孩子的零花钱中出。因为这样就让孩子明白，犯了错误是要自行承担责任的。

（2）平时多给孩子讲一些名人或英雄的故事，通过故事让孩子明白，做人必须要承担责任，要有责任心。

（3）可以让孩子做一些自己能负责的小事情，比如，让他负责扫家里的地，如果他认真扫地了，就及时表扬他。做得不好，应给予批评，让他重新再扫一次，把关要严格，直到他认真扫好地为止。这样，坚持时间长了，就可以激发他强烈的责任感。

（4）孩子到5岁时，可以让他自己洗脸、洗袜子等小件衣物。洗澡时，父母可以把水温帮他调好，帮他把洗澡用的毛巾什么的准备好，让他自己去洗。因为这样既可以培养孩子的自理能力，又能培养他为自己的行为负责的能力。

【误区警示】

明知孩子推卸责任，一些父母还是这样误导孩子：

☆在孩子犯错时打孩子。因为处罚带来的结果，只能增加孩子的怯弱心理，使孩子更加不敢勇于面对自己该负的责任。

☆对孩子要求过于严格，如，规定孩子吃饭时，必须吃完一大碗饭。这样对孩子过于苛刻，可能会让孩子由于恐惧而逃避。

恶作剧

【释义】

在日常生活中，孩子因个性调皮或活泼好动而引发的一种行为。在成人看来，爱搞恶作剧的孩子非常淘气。心理学家认为，爱搞恶作剧的孩子一般富有创造性和想象力，具有强烈的表现欲。通常，孩子爱搞恶作剧的目的不是为了捉弄他人，而是为了引人注意或表现自己。

【典型表现】

这种行为多发生在与人相处时，特别是在家中与父母相处时，孩子会故意把拖鞋底拿到床单上去蹭；把妈妈电动车的车钥匙藏起来，让她着急；洗完澡故意把整个卫生间弄湿。孩子搞恶作剧时，会非常开心。在幼儿园时，孩子也会搞恶作剧，如把小朋友的书包藏起来，但与在家时相比，孩子在幼儿园的恶作剧行为要少一些。

【多发情形】

这种情形在生性调皮或淘气的孩子身上比较多发，如，在家里，奶奶急着要上厕所，但孩子却故意躲在卫生间里把门锁上，任由大人怎么叫门都不理会；幼儿园里，宝宝也经常把小朋友的衣服藏起来，故意惹小朋友哭；在幼儿园午睡的时候，把自己的衣服全脱光了乱跑不肯上床；把同学的橡皮泥扔得到处都是……孩子的这些恶作剧，实在是令父母老师无比头痛。

【错误成因】

孩子搞"恶作剧"，原因有很

多，但主要有以下几种：

（1）引起他人关注。有些孩子因被冷落而感到无聊，就会故意搞恶作剧来吸引成人的注意，认为这样，父母就会多关爱他了。

（2）有的孩子爱搞恶作剧，是由于有不良情绪，如父母批评不当，会让孩子记恨，由此用恶作剧的形式报复。

（3）有的孩子爱搞恶作剧，是由于生性调皮、淘气。再加上5岁的孩子想象力丰富，就会想着法子淘气，如把爸爸的手提电脑藏起来。

【解决方案】

孩子搞"恶作剧"，父母一定要积极地引导：

（1）如果孩子是因搞恶作剧好玩，而经常捉弄别人的话，那么，父母可以以牙还牙，如，在孩子要去上学前，把他的文具盒藏起来。因为孩子找不到肯定会着急，这样，他就会明白，恶作剧会给别人增添麻烦，而不是一件好玩儿的事。

（2）如果孩子是想表现自己而搞恶作剧，如在墙上涂鸦时，妈妈要告诉孩子，他画得很棒，如果换

个地方画，妈妈会更喜欢，因为这样，就能保护他的表现欲。

（3）鼓励爱搞恶作剧的孩子，把新奇的想法说出来，然后和孩子一起去尝试一下。如，孩子要往盐里倒水，那就把少许的盐放在碗里进行好了，看看盐是怎样溶解的，从而把恶作剧变成"科学研究"。

（4）明确地告诉他"这件事妈妈不喜欢"，如果他再做，就要给他立规矩。如，不许乱动妈妈的手机或电脑，否则，就不会给他买爱吃的水果。

【误区警示】

孩子搞"恶作剧"，父母千万别这样做：

☆体罚痛打孩子。因为挨了打，孩子老实不了很长时间，反而会让孩子的坏习惯越来越严重。

☆对孩子的恶作剧哈哈大笑。因为这样只会纵容孩子养成不良习惯。

☆威胁他"你敢做下去，我就打你"，因为有时候他还是会铤而走险的。

不爱动脑筋

【释义】

在日常生活中，孩子因懒惰或依赖性强而引发的一种逃避、推卸行为。表现为遇到问题不知道主动思考寻找答案，而是向成人求助，获得解决。

而从儿童成长特点来看，在7岁以前，孩子多通过体验来认知世界，逻辑思维能力很差。如，摸过热水杯后知道什么是烫，摔过跤后知道什么是痛。因而，5岁孩子还不能独自思考，并解决相对复杂的问题。一般来说，大一些孩子已经有独立找到答案的意识，如果孩子缺乏主动的意识，就需要家长引导。

【典型表现】

有些孩子对于一些简单的事情，仍然缺乏经验。如想打开灯，但因为灯的开关比较高，孩子够不着。很多孩子就马上找父母解决。但另一些孩子会想办法，比如把小板凳搬过来，踩在小板凳上开灯。

【多发情形】

这种情形在孩子遇到挫折时，更易发生。如，孩子把玩具汽车拆开了，想重新装时，装不上了，此时，他不会动脑子想想如何装，而是选择放弃。无论在家或在幼儿园，不爱动脑筋的孩子在面对家长或老师的提问时，他总回答说："不知道"。其实孩子也不是笨，只是他不愿意动脑筋去思考。

【错误成因】

孩子不爱动脑子，不爱思考，

多由于以下原因：

（1）与父母溺爱有关。父母如果因为宠爱孩子，什么事都不让孩子动手做，孩子自然就形成了事事依赖的习惯，遇事不爱动脑筋，时间长了，必然养成不爱思考的习惯。

（2）有些父母或老师，总是问孩子一些太深奥的问题，如"花儿为什么是红色的？""天冷时树上为什么有树挂？"当孩子说"不知道"时，他们却斥责孩子"你可真笨"，这会给孩子消极的心理暗示，回答问题时，就习惯说"不会"。

【解决方案】

孩子不爱思考时，父母可采取以下方法来引导：

（1）教他们做一些事情，如洗脸、穿衣服、刷碗等。每当孩子很好地完成后，要给孩子适当的奖励。因为这样既能锻炼孩子的动手能力，又能让孩子知道一些简单的事情的做法，这种经验的积累可以帮助孩子解决类似的问题。

（2）父母要多站在朋友的角度与孩子沟通。如孩子从幼儿园回家后，家长可以让孩子讲一讲自己今天在幼儿园做的最有意义的事。因为让孩子回忆曾经发生过的事情，对于5岁的孩子来说，本身就是一个动脑筋的过程。

（3）父母可以经常向孩子提一些简单的问题，然后由简单到复杂。比如问孩子，松树和柏树的区别是什么？如果孩子回答不出，父母可带孩子到公园去观察各种树木特点，并为孩子讲解它们的区别，因为这样既可引导孩子思考，又能培养孩子的观察力。

（4）可以跟孩子提一些他感兴趣的问题，选孩子最爱看、最喜看的动画片中的人物，如灰太狼最爱说什么？谁最爱打灰太狼？

【误区警示】

☆责骂不爱动脑筋的孩子。因为责备只能让孩子更加不愿意动脑筋。

☆给孩子提出一些不感兴趣的问题。因为这不利于培养孩子的思考力。

沉迷电视

【释义】

在日常生活中，孩子因缺少户外活动或对电视节目格外感兴趣而引发的一种行为，表现为对电视节目疯狂迷恋，甚至可以为了看电视不吃饭、不睡觉、不外出游玩等。

心理学家认为，孩子看电视不利于其想象力、创造力的发展。因为电视所传播的信息大多是片断式、跳跃式的，孩子只能被动接受。同时，由于孩子自我控制能力差，模仿能力又强，理解能力差，总看电视会影响孩子思维、性格和行为的正常发展，对儿童心理发育也会有负面效应。因而，父母应该积极地引导孩子远离电视。

【典型表现】

很多孩子一回家就会打开电视，而不是去找小朋友玩。晚上，都应该休息了，可孩子还是眼睛盯着电视，一点困意也没有。

爱看电视的孩子多想独占电视，如果家中其他人跟他抢电视节目，如，爸爸想看电视剧，他会不高兴，甚至因此哭闹。

【多发情形】

这种行为在孩子看喜欢的电视节目时，更加多发。如有的孩子会两眼直勾勾地盯着电视，一动不动；有的孩子因看电视而不好好吃饭，总是一边吃一边看，或者好歹吃一点，就去看电视；也有些孩子会模仿电视中的人或动物的动作。通常，

看电视的孩子多不与小朋友一起玩，对玩具、图书也不太感兴趣。

【错误成因】

孩子沉迷电视，是因为缺少伙伴，而且父母又忙于工作不能总陪着孩子，而让孩子出去玩，大人又不放心，于是孩子只能在家看电视，久而久之，孩子就会沉迷电视，把电视当做自己的朋友。有些孩子爱看电视，一些动画片非常好玩，所以孩子一看动画片，就会兴趣高昂，而且会着迷。

【解决方案】

孩子沉迷电视，父母可以用以下方法引导孩子远离电视：

（1）如果孩子爱看电视，父母一定要合理地安排孩子的作息时间。每天从幼儿园回来后，让孩子先玩玩具，看一会儿书，再让孩子看电视，并告诉他只能看半个小时。或将手机定时，或去做饭，做完饭后就关掉电视，让孩子去吃饭。期间，一定要提醒孩子，要起身活动 5 ~ 10 分钟，因为这样就让孩子养成良好的看电视习惯。

（2）如父母下班后不忙，可带孩子下楼去小区健身区或离家不远的公园散步、健身、玩滑梯。同时也可带孩子去邻居家，与邻居家的孩子玩一会儿。也可在家给孩子讲一个故事，或读一本书。因为这样就可分散或转移对电视的注意力。

（3）孩子看电视时，父母不忙的话，最好陪在身边，并引导孩子有选择地看一些健康的节目，如少儿节目。绝对不许他看暴力、色情、恐怖，以及不适宜孩子看的节目，如成人看的相亲节目。这样，孩子就不会负面模仿电视中的暴力动作。

（4）父母最好能多抽出一些时间陪着孩子一起散步、放风筝、逛公园等，给孩子接触大自然的机会，因为这样就能让孩子明白：不是只有电视能给自己带来乐趣。

【误区警示】

孩子沉迷电视，父母不要这样做：

☆孩子一哭闹，马上打开电视机，以此来吸引孩子。因为这样会让孩子更加沉迷电视。

☆父母看什么电视节目，就让孩子看什么电视节目。因为这样会不利于孩子身心健康。

☆任由孩子看电视，想看到什么时候，就看到什么时候。这种做法会影响孩子身体健康。因为孩子的视力发育 5 岁时才能达到 1.0，长时间看电视，不利于孩子从小就养成好的用眼习惯。

想和父母洗澡

【释义】

在父母洗澡时，孩子因好奇心强而引发的一种行为。这种行为的目的，不在于偷窥，而在于孩子想满足自己的好奇心，只是想知道他人究竟是什么样子的。由于5岁的孩子注意力难以集中，因而，孩子的这种好奇心非常短暂，通常只要满足了他的好奇心，孩子就不会再看父母或他人洗澡了。

【典型表现】

这种行为多发生于父母或其他家人洗澡时，孩子要么想跟家人一起洗，要么嚷着要看。一开始大人可能会觉得很别扭，不让孩子看，可是孩子总是闹个不停，一副不让看就绝不罢休的表情，让父母不知

如何是好。但这会更加激发孩子的好奇心。

【多发情形】

这种情形在那些好奇的孩子身上比较多发。如，5岁的孩子，每当爸爸洗澡时，女儿可能就会跟进卫生间，直勾勾地看。大人越是赶她出去，她越是吵着要看。而当妈妈洗澡时，一些男孩子也会特别想看。而在公共浴室，一些男孩子会打闹着冲进女浴室，其目的也是想看看他人到底是什么样子的。

【错误成因】

孩子爱看大人洗澡，多是由于以下原因：

（1）5岁孩子好奇心强，而且对性别有了一定的意识，孩子开始

对人体产生好奇，迫切地想知道人究竟是什么样子的。如果在这时候心理发展能够得到满足，其性心理就会迈进一步，然后转移兴趣。

（2）很多父母不了解孩子5岁时的性心理特点，如果孩子表现出对大人或同伴身体的好奇，父母要么设法转移话题，要么应付孩子，说你大了自然就知道了。这会让孩子更加好奇，想看父母洗澡的欲望越来越强烈。

【解决方案】

孩子想看大人洗澡，父母可这样引导孩子，并满足孩子的好奇心：

（1）孩子想看大人洗澡，一定要允许他看，并用简单易懂的方式，让他明白自己与他人的区别，或告诉他男生和女生的区别。看过几次之后，好奇心满足了，他的好奇也就不存在了。

（2）父母可以偶尔和孩子一起洗澡，也可以让孩子很自然地了解爸爸和妈妈的身体，同时父母要多和孩子沟通，告诉孩子有关身体特别是性器官的一些常识，然后告诉孩子该如何保护身体隐私，并要懂得尊重他人隐私。

（3）父母可买来带有图解的儿童性健康教育读本，与孩子一起看，边看图片边让孩子了解人体的构造。父母要与孩子一起互动交流，这样才能满足孩子对男女身体及性器官的所有好奇心。

【误区警示】

孩子想看大人洗澡，父母不能这样做：

☆骂孩子好色。这种做法是不可取的。因为如果这一时期孩子对性别的好奇没有得到满足，会使他潜意识地在心里蒙上一层阴影，认为人的身体是神秘和羞耻的。

☆告诉他看大人洗澡是不对的。因为这样反而激发孩子更强的好奇心，而且会对自己的做法产生难以言状的罪恶感。这样往往会造成孩子心理发育不健全，严重的甚至还会引起心理变态，这是不可小视的。

残　忍

【释义】

在日常生活中，孩子因情绪紧张或压抑而引发的一种不良行为。从心理学角度来分析，这是一种攻击性行为。这种行为的目的不在于所打的动物，而在于发泄心中的不良情绪。心理学家认为，这种行为是有心理障碍的表现，是孩子发泄心中的郁闷、缓解紧张情绪的一种方式。这种行为在5岁孩子身上时有发生。

【典型表现】

这种行为多发生于孩子与小动物相处时，如追打小动物或伤害小动物，如乱踢小狗或者将小狗揪起来。而当听到小动物的哀叫声时，或看到小狗的狼狈样时，孩子会哈哈大笑或神情十分兴奋。也有些孩子喜欢拿剪刀剪小狗的毛，甚至用棒子狠狠地打小狗。

【多发情形】

这种行为在孩子有不良情绪，如感觉无聊，或被父母批评后，更加多发。此时，孩子不仅喜欢打小狗、踢小狗，也会有其他攻击性行为，如用脚踩小狗，或满院子追着鸡打。也有些孩子会把小猫的毛用打火机点燃。在大人看来，这些孩子真是太淘气了。

【错误成因】

孩子喜欢虐待小动物，多是由于以下几种原因：

（1）5岁孩子喜欢虐待小动物，可能与父母关注太少有关。如一些

父母忙于工作，很少有时间陪孩子，孩子生活无聊，乐趣太少，于是，就想在恶作剧中寻求刺激、乐趣。

（2）5岁孩子好胜心强，但在某些方面，又不如周围的玩伴或小朋友，结果，孩子就会通过伤害小动物来获得心理的满足和平衡。

（3）5岁孩子精力旺盛，剩余精力太多，但又不知道用在什么地方，于是，一些孩子就将剩余精力转移到小动物身上。

（4）如果父母对孩子要求太严格，立的规矩太多，孩子就会感觉精神压力太大，精神紧张。此时，如果孩子找不到其他的发泄不良情绪的方式，就会通过这种方式来缓解紧张的情绪。

【解决方案】

孩子喜欢虐待小动物，父母可这样做：

（1）父母可用讲故事的方式，来积极地引导孩子，如，多给孩子讲述小动物可爱善良的一面，讲述它们被野兽、猎人捕捉伤害时的可怜情景，以此来唤起孩子对小动物的同情或怜爱。因为通过生动有趣

的童话故事来教育孩子，孩子易于接受。

（2）如果条件允许，可以为孩子养一些小动物，如小狗、小猫、小鸟、小兔、小乌龟等，并让孩子给动物喂食。因为时间长了，孩子就与这些小动物建立起深厚的情感，从而逐步养成保护、关爱小动物的习惯。

（3）孩子喜欢虐待小动物，父母一定要给孩子立规矩，如，如果一周时间没有打小狗，就奖励孩子一个小玩具；如果孩子在一周内打小狗了，就要处罚孩子。

【误区警示】

孩子喜欢虐待小动物，父母千万不要这样做：

☆任由孩子来。因为对孩子不加以管教，就不能让他认识到自己的错误，甚至会导致其虐待动物的行为越来越严重。

☆不正当教育，如这样对孩子说，"你别逗它，它多脏啊!"因为这不利于孩子改变虐待小动物的习惯，反而会让孩子因小动物脏更嫌弃它。

厌 食

【释义】

孩子在吃饭时，因对饭菜不感兴趣或没有好的就餐习惯，而拒绝吃饭的行为。心理学家认为，这种行为多与不良饮食习惯，以及与教养不当有密切关系，而且在5岁孩子身上非常多见。

【典型表现】

有些孩子吃饭时挑三拣四、不愿意吃或者心不在焉，边吃边玩。

有些孩子的厌食会持续很长一段时间。家长觉得孩子很长一段时间都没好好吃饭了，正想带孩子去医院检查的时候，孩子又有了食欲，对食物又喜欢起来。

【多发情形】

这种情形在家中吃饭时，更加多发。如，每到吃饭时，父母一让孩子吃饭，他要么吃一点，要么就说不饿。如果父母逼着他吃，孩子就会不高兴。有些孩子甚至把饭含在嘴里，父母不注意时，就会吐出来。

【错误成因】

孩子厌食除了疾病原因外，更常见的是不良饮食习惯造成的，现具体分析如下：

（1）吃饭时，很多孩子不专心，总是边吃边玩，有的父母见此，就急切地追着喂，时间长了就会形成不好好吃饭的习惯。

（2）吃饭时间没有规律。父母给孩子吃饭的时间很随意，经常是什么时候想起来了，就什么时候给孩子弄点吃的，到正餐时，必然会导致孩子因没有食欲而不想吃饭。此外，如果孩子爱吃零食，也会影响孩子在正餐时食欲减少，尤其在吃饭前吃果糖、巧克力等甜食，容易引起血糖升高，中枢神经受到抑制，人就没有食欲了。

（3）很多父母担心孩子营养不够，每次吃饭时，总是让孩子吃这吃那，孩子如不想吃，父母又哄又骗，甚至强迫孩子吃，结果，对于孩子来说，吃饭就成为一种负担了，时间长了，孩子必然会有抵触情绪和厌食的心理。

【解决方案】

孩子厌食，父母可采取以下方法来引导孩子：

（1）如果孩子不爱吃饭，父母一定要设法帮孩子纠正，除养成规律的进餐时间外，还要注意不要在饭前让孩子吃果糖、巧克力等甜食，特别是饭前两小时内。因为这样就能防止孩子因没有食欲而不好好吃饭的情形出现。

（2）孩子吃饭时，一定要他保持安静。同时，要把孩子的玩具暂时收起来，因为孩子边吃边玩会延长吃饭的时间，等到下一顿吃饭的时刻到了，他就会因不饿而没有食欲，当然就不肯乖乖地坐下来吃饭了。

（3）如果父母想尽了方法，孩子依然不好好吃饭，那就要饿饿他。因为如果孩子的肚子真的很饿了，就会好好吃饭的。

（4）父母还可以经常给孩子讲故事或看动画片，告诉他好好吃饭就是好孩子，或对健康有利的故事。因为通过讲故事、看动画片等途径，更易让孩子明白，要想身体健康、要想长得高高的，就得好好吃饭，当他意识到好好吃饭的重要性，自然也会好好吃饭的。

（5）不要老让孩子看电视，可多带孩子玩游戏或散步，因为这可增加他的活动量，他的肚子真正感到饿了，自然不会抗拒吃饭。同时，要固定孩子每餐吃的量，因为这样就可避免养成有时多吃、有时少吃或不吃的不良习惯。

（6）给孩子做饭要变着花样做。要注意新鲜和品种多样化，每餐中不仅要有蛋类食品，而且还要有肉类与各种蔬菜。实践证明，这样会激发孩子的食欲。

【误区警示】

孩子厌食，父母不能这样做：

☆责骂孩子。因为这样只会让他更加不喜欢吃饭。

☆在饭桌上吵架。因为不利的

环境会影响孩子的食欲，会让他更不好好吃饭。

☆催孩子快点吃。因为这会使孩子对"吃饭"这件事产生不愉快的经验，因而排斥吃饭。

☆吃饭前打骂孩子。因为不愉快的情绪，不利于孩子消化液的分泌，从而减少孩子的食欲。

情绪化

【释义】

在日常生活中，孩子因情绪不稳定而引发的一种情绪反应。如，刚才很开心的孩子，突然就变了脸，不高兴起来。心理学家认为，每个孩子的气质、情绪稳定性都会有差异性。一般来说，孩子越小，情绪稳定性越差，相比8岁的孩子，5岁孩子的情绪稳定性要差一些。

【典型表现】

这种情形多发生在孩子与他人相处时，最典型的表现是：常常喜怒无常，忽忧忽喜，让大人捉摸不定，一点点小事就可能让他们大发脾气，有时甚至有点无理取闹。如，刚见到小朋友时，会欢呼着冲过去，但不大一会儿工夫，他又哭着来找你，说再也不跟小朋友一起玩了。

【多发情形】

这种情形在与父母相处时更加多发，如，本来很乖巧的宝宝，突然就变了脸让父母非常头疼。情绪不稳定的孩子动不动就发脾气，高兴时什么玩具都给别人玩，不高兴时，别人碰他的玩具都不可以。情绪稳定的宝宝，看上去总是乐呵呵，而情绪不稳定的孩子，则一会儿高兴，一会儿不高兴，做事也多感情用事。

【错误成因】

孩子情绪化，多与以下原因有关：

（1）负面模仿。在生活中，父母如果神经质，遇到不顺心的事就大喊大叫，一会儿哭，一会儿闹，那么，会让孩子因负面模仿而变得比较情绪化。

（2）父母教养方式不当。如老打骂孩子，孩子没有安全感或者觉得受到压制的缘故。当孩子觉得事情不能按照自己想象中发展时，或者孩子感觉不被重视的时候，他们就会比较情绪化，如失落、气愤、烦躁等。

（3）偏食。在生活中，很多孩子不喜欢吃蔬菜，不喜欢吃蔬菜的孩子牙齿不好，如有蛀牙，这会导致孩子的咬合力差，咬合力差会减少体内"斗争激素"的分泌，如，血液中的肾上腺分泌的激素就会增加，从而致使紧张、焦虑得不到缓解。

【解决方案】

孩子情绪化，父母可采取以下几种小妙方：

（1）孩子情绪不好时，如，生气时，父母可以装病，如，假装头痛起不来床，让孩子帮你倒水，按摩头部。因为这样就可以转移孩子的注意力，从而让其波动情绪慢慢稳定下来。

（2）在孩子情绪不好时，父母可以大声唱歌，或者很开心地说笑。因为这样做就可淡化孩子的情绪反应。

（3）父母可以将孩子抱在怀里，一边抚摸孩子的头，一边安慰他："妈妈知道你很生气，可是你这样发脾气，大家都会不开心的。"有了大人温柔的安慰，可以帮助他很快冷静下来。

（4）多让孩子吃一些含钾丰富的蔬菜，如海带、紫菜。因为蔬菜中的钾能将体内过多的钠顺利排泄出去，有助于镇静神经，安定情绪。同时，要将胡萝卜等根菜类做成丝状，或磨成酱，加入肉馅中，或制成水饺、汉堡等食物，因为变换花样，就能让孩子爱吃蔬菜。

（5）孩子有不良情绪时，父母可以暂时不理他，或让他哭出来，发泄完之后他可能就没事了。因为肾上腺激素的分泌也与稳定情绪有关，当孩子情绪不良，如紧张或饥饿时，血液中的肾上腺分泌的激素就会增加。

【误区警示】

孩子情绪化，父母不可以这样做：

☆斥责孩子，以命令的口吻呵斥他："快上床睡觉，别磨蹭了！"因为这样做会刺激孩子的情绪，让其情绪更不稳定。

☆动手打孩子。因为这既不利于其情绪的稳定，又易让其负面模仿，用简单粗暴的方式处理问题。

搞定难搞的孩子

6 岁宝宝心理特点与认知发展

6 岁的孩子是最难应付的了。从 4～5 岁可以看出孩子有显著的进步；但是从 5～6 岁很多大人怀疑他们好像停止了成长似的。6 岁孩子反抗、叛逆、不听道理、不接受批评，仿佛又回到了"难缠的 2 岁"。6 岁又被儿童心理学家称为"第二反抗期"。

6 岁幼儿通常是粗鲁而忙碌的。不论做什么事他们总是全力以赴，甚至有人阻挠他们玩游戏时，他们还会毫不客气地把对方赶走。他们对别人的态度也显得傲慢无礼，5 岁时的温柔似乎已经完全消失了。另外，他们与同伴之间的纠纷会急剧增加，也因此容易受到大孩子的排斥及比他年幼小孩子的畏惧。

6 岁幼儿已经开始有自己判断事件、人物对错的想法，所以大人要注意引导宝宝明辨是非，同时父母要给孩子树立人际交往、处理事件的正确榜样。要尊重孩子的兴趣爱好，给孩子创设发展的空间。

6 岁幼儿的内心世界也越来越复杂，喜怒哀乐等比较细腻的情感也发达起来，更加敏感，自尊心也更强。他也更有主见了，在日常生活中，会更多地发表自己的意见，甚至还会对大人的行为和周围的一些现象发表些"见解"了。

爱捣乱

【释义】

在日常生活中，孩子因好奇心强或生性活泼好动而引发的一种行为。心理学家认为，爱捣乱不仅说明孩子的自我意识在增强，而且也是孩子好奇心强的表现，而好奇则是创造力产生的源泉。而5~6岁的孩子多好奇心强，因而，这个阶段的孩子多表现为爱捣乱。

【典型表现】

这种行为不只发生在家中，在幼儿园时，也比较多发。在家时，最典型的表现是喜欢搞一些"坏把戏"，如，把妈妈刚买的新书给撕坏了，或把一些脏东西塞进嘴里……在学校，爱捣乱的孩子经常看到别的小朋友搭起了积木，他就噔噔噔地过去推倒，把小朋友的玩具给扔掉或砸碎了。他其实不是故意欺负小朋友，而是希望通过捣乱引起别人的注意。

【多发情形】

这种情形在好奇心强、好动的孩子身上比较多发。他们完全没有规矩意识，是典型的"自由兵"。有时在学校，大家都在专心地听老师讲课，他一会儿跑到门口看看，一会儿趴到桌子底下，一会儿又去抓身边的小朋友，或将小朋友的作业本撒得满地都是。

【错误成因】

孩子爱捣乱，多是由于以下原因造成的：

（1）6岁孩子自我意识较强，

比较有主见，他们常常要干一些自己特别感兴趣的事，而不愿让父母帮忙。但由于能力有限，就易把事情搞砸，在父母眼中，这孩子就成了捣乱的孩子。

（2）孩子6岁时，依然喜欢模仿大人的样子做一些事，如，烧饭、洗衣等，但由于注意力难以长时间集中，如，洗衣服把衣服泡在盆里，就跑出去玩了。有时由于能力有限，如，洗一会儿衣服就感觉太累了，就去做别的事情了。在大人看来，这就是捣乱。

【解决方案】

孩子爱捣乱，父母可以用以下方法加以引导：

（1）如果家中有爱捣乱的孩子，父母不妨也给孩子捣乱，如，在孩子玩喜欢的玩具时，将他的玩具"不小心"弄坏或将孩子喜欢的动漫书，不小心弄上水。因为这样就能让他体验自己捣乱的后果：画册、玩具损坏了，真着急！

（2）家中有爱捣乱的孩子，父母应该给孩子立规矩，如，妈妈刚买回来的新书、新衣服，你不能乱动。否则，半年内就不给你买动画书。

（3）多给孩子买一些有趣的玩具和物品，如能动能说的玩具。因为这样就可吸引孩子的注意力，让孩子把破坏力转移到有趣的玩具上，而不至于破坏家里的其他东西。

（4）和孩子一起创新旧玩具的玩法，或把废弃物当玩具，如把旧报纸揉成团当足球踢，将碎布缝成圆状物，里面塞上棉花等，让孩子玩，因这样就既满足了他的好奇心，又满足了他渴望动手操作的愿望。

（5）孩子如果故意捣乱，你可以给孩子找点事做："妈妈觉得你能安静下来去画画，一定很可爱。""想给小花浇水吗？""想给你的玩具洗澡吗？"如果孩子表示同意，大人就要趁机告诉他，捣乱要有节制。

【误区警示】

孩子爱捣乱，父母最好不要这样做：

☆非常生气，并对孩子说"你能不能安静一会啊？你再这样我就生气了，真是烦透了……"等言语。因为这样做只会强化孩子的行为，让他越发"得寸进尺"，捣乱得更厉害。

☆吓唬他，"再这样就不爱你了，把你送给别人，或打你"！因为这样做会伤害孩子的心理健康。

怕　死

【释义】

在日常生活中，孩子因惧怕死亡而引发的一种情绪反应，如，恐慌、担忧、焦虑、不安等。心理学家表示，孩子如果比较早地接触到死亡的话题，心智比较早熟，更容易出现"怕死"心理。这种心理在6岁孩子身上比较多见。

【典型表现】

这种情绪反应在家中有亲人去世，或父母因亲人去世反应过激时，更易发生。如父母因亲人去世天天以泪洗面，孩子就会因此而开始怕死。如，对妈妈说："妈妈，你千万不要死啊！"或问父母关于死亡的问题，甚至会问

"妈妈，我会不会死？"如果告诉他会的，他会因此更加害怕。之后，一提关于死亡的问题，孩子就神情紧张不安。

【多发情形】

这种情绪在比较胆小的孩子身上更加多发，特别在孩子晚上独处时，如，让孩子去另一个房间睡觉，孩子就不敢睡。或者，总躲到妈妈的床上哭诉"我不要死""妈妈你也不要死"！有些孩子还会想象一些关于死亡的恐怖镜头，会越想越害怕，从而一到晚上就死死地黏着妈妈。

【错误成因】

孩子惧怕死亡，与以下原因

有关：

（1）小孩子在6岁时，已经有了自主思维意识，但心智还没有发育成熟，不可能如成人一般理智地看待死亡，更多的是一种恐惧、焦虑的心理，于是就有了"怕死"心理。

（2）现代一些恐怖片和电视剧里面，有很多关于死亡的恐怖镜头与情节，如果孩子看多了这些恐怖片，不仅不敢独自去上厕所，而且也总爱担心自己会不会就突然死掉或死得很惨。于是，就紧张不安。

（3）有些父母比较胆小，看电视剧时，特别是看到有关死亡的镜头时，就紧张不安，甚至尖叫，结果就让孩子负面模仿，并产生惧怕死亡的心理。

【解决方案】

孩子惧怕死亡，父母可这样积极地引导：

（1）如果家中有惧怕死亡的孩子，要少提这方面的话题，如果孩子不提相关死亡的话题，父母就不必提了。同时，少让孩子看一些有关死亡的恐怖片，多让孩子看一些内容积极向上的电视节目，因为这样就能分散他的注意力。

（2）当家中养的小宠物死了，

大人可以直接告诉孩子："它离开我们了，永远不会再回来了！"或者在秋天时，让孩子观察落叶，并告诉他树叶死了，而且是自然的规律，而到了春天便会重新发出新芽，生命总是这样交替，死是非常正常的事。因为这样做就让孩子知道"生命的离去是很正常的"。

（3）平时，父母要多陪孩子聊天，做游戏。有时间可带他出去放松，如到有山有水的地方旅游，给他讲美好的故事等。因为这样就能让孩子充分地感受到家庭的温暖和快乐，从而淡化他对死亡的关注，逐步消除怕死的心理障碍。

【误区警示】

孩子惧怕死亡，父母不可这样做：

☆总对孩子说"再不听话，就打死你"之类的话。父母不要用"死"来威胁、恐吓孩子，因为孩子的心智发育还不是很完全，大人眼里很正常的死亡，在他们看来是非常恐怖的。

☆总让孩子看一些暴力凶杀的图书和影视剧。因为这会让孩子更加怕死。

☆告诉孩子，死就是睡着了。

这也是一种错误的做法。因为6～7岁的孩子一般不认为死亡是一个生命的终结，有可能会认为"死"只不过是一个暂时睡着了的现象，而父母这样误导，会让孩子在真正面对这个问题时，受到不必要的惊吓。

不敢独睡

【释义】

孩子在晚上睡觉时，因有恐惧、恋母或其他原因而引发的一种行为。如，一个人睡时哭闹，或者会偷偷跑到父母床上。其目的就是不想与父母分开睡，或逃避一个人独睡时的恐惧心理。心理学家认为，如果孩子已经6岁了仍不能独睡，说明孩子缺乏独立性和自理能力。

【典型表现】

这种行为只在与父母分房或分床睡时发生。如，和父母在一张床上睡习惯了，突然有一天，妈妈让他独自去睡，就会有恐惧和心理不适。有的孩子即使睡着了，半夜醒了，也想偷偷地溜回去，如果妈妈拒绝，就会哭闹不止，容易出现反复。

【多发情形】

这种行为最初与父母分床睡时，更易多发。如，孩子从小由妈妈带大，一直与妈妈同睡一床。如果妈妈让他与自己分开睡，孩子就会灯也不敢关，大气也不敢出。如果房间光线较暗，或者打雷下雨，这种恐惧心理会更加明显。如，听到响声，会用被子把头部都捂上，表现得很胆小。只有妈妈或其他家人出现的时候，才会安静下来。

【错误成因】

孩子不敢独睡，一般来讲有以下几种原因：

（1）害怕黑暗。怕黑暗中有鬼怪、大灰狼等东西，而且他的想象

力丰富，独睡的时候，就会瞎想，结果越想越害怕，睡不着。

（2）独立能力差。如，由家人每天陪伴孩子上下学，就连书包都要帮着背，孩子没有独立完成一件事的体验。当然晚上也不敢独自睡。

（3）没有好好跟孩子解释，为什么让孩子自己独睡，结果孩子不理解妈妈为什么突然让自己单独睡，以为是不爱自己了，情绪波动，也产生恐惧心理。

（4）有恋母情结，总想跟妈妈在一起睡。如果与妈妈分开睡，就没有安全感，从而不敢一个人独睡。

【解决方案】

（1）一开始分房睡时，父母要多陪孩子，如，坐在孩子床边，边给他讲故事边轻轻拍他的背，直到他入睡为止。因为这样能让孩子在心理上有适应的过程。

（2）没事时和他摸黑聊聊天，或者在墙上照手影玩，让孩子知道黑夜原来也是挺有趣的。因为这样可以转移孩子的注意力

（3）孩子如果一直不适应独自睡，可一周安排一两天作为独自睡觉日。因为这样做，能让孩子心理上有个适应期。

【误区警示】

☆动不动就训斥孩子"再不听话我就把你关到小黑屋去！"或者"不要你了"等，这样让孩子容易对独处产生绝望心理。

☆孩子在床上玩闹不想睡觉时，大人生气地冲孩子嚷嚷，这样会加剧孩子的情绪波动。

☆因受不了孩子的哭闹很快妥协，或是当孩子偷偷去找妈妈，妈妈放弃自己的坚持。这样下次再让孩子独睡会更难。

上蹿下跳

【释义】

在日常生活中，孩子因活泼好动、探索欲强而引发的一种行为。从安全角度来看，这是一种极其危险的行为。而从儿童成长特点来看，6岁阶段的孩子都精力旺盛，不仅好动，而且好奇心十足，喜欢探索。孩子喜欢上蹿下跳是非常正常的一种行为。

【典型表现】

这种行为多发生在孩子对某些事物或某个动作好奇时，如，看到柜子上有个箱子，就想上去看一下箱子中有什么东西。也有些孩子喜欢从高处向下跳或从沙发上跳到地上的感觉，于是就爬上爬下，一会儿爬到高处，或跳下来，或走下来。

每当孩子这样折腾时，一些父母就非常担心。但从运动医学角度来看，弹跳运动有健身健脑的作用，因为弹跳过程能产生振动，"外源性"振动与"内源性"振动相结合，从而具有健身健脑功能。

【多发情形】

这种行为多发生于很多孩子一起玩耍时，通常，一个孩子从高处向下跳，如，从床上跳到地板上，或从沙发上跳到地板上，其他孩子都会跟着跳。当然，在学校，这种行为也时有发生，如有些孩子高兴时就爬到桌子上，并且还会兴奋地走来走去，有时甚至还会爬上窗户。很多孩子在摔痛时，并不太在意。

【错误成因】

孩子为什么喜欢上蹿下跳呢？主要是由于以下原因：

（1）受孩子的好奇心驱使。由于一直在低处活动，让孩子对高处产生了很多美好的联想，高处到底有什么？高处向下跳的感觉如何？于是，孩子就开始上蹿下跳。

（2）6岁孩子模仿能力较强，特别是与小朋友一起玩耍时，经常是一个小朋友做什么，其他孩子也跟着做什么。如果一起玩耍的小朋友爱上蹿下跳，其他小朋友必然有样学样。

【解决方案】

孩子爱上蹿下跳，父母一定要这样引导孩子：

（1）父母要表情严肃地告诉孩子，爬高是一种很危险的行为，一不小心就会掉下来发生危险。而且，大人要及时制止孩子的行为，因为时间久了，孩子就会习惯这种爬高的刺激，上瘾之后就很难改变了。

（2）多给孩子提供"上蹿下跳"的机会，如当你需要把柜子的皮箱拿下来时，可以让孩子爬上去帮你拿下来。在孩子爬上去前，要告诉孩子注意安全。因为这样既能满足孩子对皮箱的好奇心，又能满足他上蹿下跳的心愿。

（3）如果孩子喜欢在高处的感觉，父母可以多带孩子做一些爬高的游戏，比如荡秋千、玩蹦蹦床等，因为这样就能让孩子在游戏中体会高处的乐趣。

（4）如果孩子总是上蹿下跳，父母可在孩子喜欢爬高的地方放一些柔软的垫子，或者把有助于孩子爬高的东西收起来，如，小椅子。因为这样就能防止父母不在的情况下，孩子因喜欢攀高而出现意外。

【误区警示】

孩子爱上蹿下跳，父母不要这样做：

☆一看到孩子上蹿下跳，就对孩子说"不许这样，很危险的"！因为这样会强化孩子的行为，让他反而更喜欢上蹿下跳。

☆一看到孩子上蹿下跳，就强行阻止。如把孩子从高处拉下来。最好不要阻止孩子爬高，或上蹿下跳。因为孩子上蹿下跳，有利于孩子掌握空间智能，对孩子将来掌握空间概念、识别几何图形非常有帮助。

焦　躁

【释义】

在日常生活中，孩子因注意力难以长时间集中或性子急躁等而引发的一种行为。心理学家认为，缺少耐心的孩子多坚持性差，做事难以善始善终。从儿童成长特点来看，6 岁孩子自控性弱，做事不能持久，精神不集中，注意力容易转移。因而，孩子在做事时，总是显得急躁。

【典型表现】

一般来说，有的孩子刚开始做某事时，还是很认真的，可是时间一长，很多孩子就会变得不认真，不耐烦起来了。比如，有些孩子在画画时，起初很感兴趣，但没画几笔，就放下笔，开始东张西望了。

再比如，孩子要拧瓶盖，如果拧了一会儿没拧开的话，就要父母帮他，或者干脆扔掉，自己还很生气。

【多发情形】

这种情形在孩子做自己不愿做的事时，更加多发。如，老师给布置了作业，而孩子又想看电视或出去玩。在这种情形下，孩子总是写一会儿作业，就开始烦躁起来。如果父母此时提醒他要好好写作业，他就会发脾气。缺少耐心的孩子在遇到不熟悉的问题时更加容易放弃，因而会显得比较散漫。

【错误成因】

孩子缺少耐心，多是由于以下原因：

（1）6岁的孩子能够集中注意力的时间是很短暂的，注意力容易转移。所以，做事会比较没有耐心，做起事来容易急躁。

（2）6岁的孩子神经比较敏感，自控力差，做事不能持久。如果做一件事需要太长时间，孩子就会失去耐心。同时，如果让孩子做的事情太枯燥或孩子不感兴趣，孩子也易急躁。

（3）6岁的孩子耐挫力不是很好，如果父母或老师要求孩子做的事太难，或让孩子做的事情超过了他本身的能力，也会使孩子失去耐心。

（4）如果孩子性子急，做事也没有耐心。此外，孩子没有耐心，还受父母行事方式影响。如果孩子的父母做事速度快，性子急，一般孩子也会性子急。

（5）父母老让孩子吃酸味甜味食品，如，饮用可乐汽水过度，或总是吃鸡蛋、牛奶等高热量高蛋白的食物，也会导致孩子性子急。

【解决方案】

孩子缺少耐心，父母可用以下方法培养：

（1）合理地帮孩子安排时间，如让孩子去画画，应在给他准备画材料时就告诉孩子垒好积木，就去画画。然后在孩子画画时要认真检查他的积木垒得怎么样，因为这样可以培养孩子做事有始有终的良好习惯。

（2）让孩子玩一些培养耐心的游戏，例如"捡豆子"的游戏：将很多颜色的豆子混在一起放在一个瓶子里，然后让孩子把某一种颜色的豆子捡到另一个瓶子里，这无疑是锻炼孩子耐性的好方法。

（3）如果孩子因为性子急而缺少耐心，父母可设法调整孩子的饮食，让孩子多吃一些新鲜的蔬菜、水果，因为新鲜蔬菜、水果中的钾有助于镇静神经，安定情绪，而稳定的情绪有利于增加孩子的耐力。

（4）在孩子做事时，要用温和的语言与孩子沟通，并时时提醒孩子要专注于所做的事情，如，孩子画画只画了一半就想离开，家长应提醒孩子："画完了你给我讲讲画的是什么呀？"因为这样就可把孩子的注意力吸引到他所做的事情上。

【误区警示】

孩子缺少耐心，父母最好不要这样做：

☆当孩子做事不耐心，表现得烦躁时，父母却骂孩子，如写作业时，

"快点写，磨蹭什么"！因为这样做会影响孩子的情绪，让孩子失去耐心。

☆当孩子不想做事时，强迫孩子去做。因为这样会让孩子产生对抗心理，从而更不愿做没有做完的事情了。

☆勿随意打扰。如孩子在玩拼图拼到一半时，而父母却喊他去吃东西。因为这样做不利于孩子养成一种做事有始有终的好习惯。

冷　漠

【释义】

在与人交往时，孩子以自我为中心或个性原因，而引发的一种不良心理或行为。从心理学角度来分析，这既是情感萎缩的一种体现，亦是一种人际交往的障碍。有冷漠心理的孩子主要表现为对身边的人和事、新异的事物及自身状况冷漠处之。这种处世态度会妨碍孩子情感的健康发展。

【典型表现】

主要表现为对他人没有爱心，对他人不关心，如，与小朋友相处时，有小朋友不小心跌倒了，冷漠的孩子不知将其扶起来；孩子在与父母相处时，也会有冷漠的表现，

如，有些父母下班回来，让孩子给帮忙拿下拖鞋，但孩子就像没听见似的，依然玩玩具或看电视。

有冷漠心理的孩子，也不会体谅他人，如，孩子要父母陪自己玩，而父母告诉他自己生病了，但孩子还是吵闹不休，直到妈妈答应他的请求。

【多发情形】

这种行为在孩子与陌生人相处时，更加多发。如，在公交车上时，看到有带着孩子需要帮助的年轻妈妈或老人，孩子不知道让座，甚至会与人家抢座位。而当家中来了客人时，这些孩子通常会躲到自己房间不出来，如父母要求孩子出来见客人，有冷漠心理的孩子，多表现得不情愿，

即使出来与客人打招呼，也一脸的不高兴。这让父母非常不好意思。

【错误成因】

孩子待人冷漠，多是由以下原因造成的：

（1）个性原因。如，性格孤僻的孩子，多表现为不愿与他人接触，不爱理家里的客人，待人非常冷漠。

（2）父母教养不当，如过于严厉、粗暴，孩子做错一点小事就对孩子大发脾气，这会让孩子变得畏畏缩缩、自卑冷漠；反之，如父母过于溺爱孩子，也会让孩子以自我为中心，只注重个人感受，而不知关心他人，从而待人冷漠。

（3）与曾经的创伤经历有关。如，父母情感不好，老是当着孩子的面吵架，也易让孩子忧虑、焦虑不安，甚至因此养成孤僻的性格，从而产生冷漠心理。

【解决方案】

孩子待人冷漠，父母可这样引导孩子：

（1）平时，父母可多给孩子讲一些邻居或同伴之间相互帮助或名人乐于助人的故事，也可与孩子一起看一些有热情帮助他人情节的书籍和电视剧。因为这样就能给孩子积极的心理暗示，或让孩子积极模仿。

（2）有时间，可带孩子去观看赈灾义演，参加社会各界为"希望工程"举行的捐款活动，去敬老院参加义务劳动等。因为这些行为都能唤醒孩子内心热情的一面。

（3）平时多给孩子一些零花钱，并鼓励孩子存起来。可多给孩子买一些书，并教孩子爱护书。当有组织义捐时，可让孩子将省下来的零花钱以及一些用不着的图书捐助给贫困山区的孩子。因为这样就可给孩子提供关心他人的机会，从而有利于改变孩子的冷漠。

（4）父母可以经常和孩子玩"假如我是……"的角色换位游戏，如，假如我是病人，假如我问你路等。因为这样会让孩子体验相关角色的内心感受，认识到他人也渴望得到关心和帮助，认识到热情待人的重要性与必要性，进而改变冷漠态度。

【误区警示】

孩子待人冷漠，父母不要这样误导孩子：

☆家里来客人，让客人自己倒水，找座位。因为不正确的教育和

引导是孩子冷漠的根源，父母不好好招待客人，必然会让孩子负面模仿，从而形成冷漠待人的习惯。

☆在公交车上，从来不给别人让座，甚至会因为与他人抢座位而大打出手。因为这样也会让孩子负面模仿，进而冷漠对人。

拖　拉

【释义】

在日常生活中，孩子因注意力不专注或没有时间观念而引发的一种行为。这种行为的目的不是为放慢做事的速度，而是在于孩子对所做的事不感兴趣，或难以集中精力做事，或能力有限。心理学家法拉利认为，这种行为是"慢性拖拉症"的典型表现。这种行为在6岁孩子身上时有发生。

【典型表现】

这种行为随时都有可能发生，比如，在家中吃饭的时候，吃得很慢，而且吃着吃着就开始玩，或一会儿看看这，一会儿跑到那，经常要父母提醒他"快吃饭"。除了吃饭拖拉，最典型的就是早晨起床拖拉，父母总是喊了一次又一次，他才慢慢地穿衣服。这让父母非常着急。

【多发情形】

这种行为在他人让孩子做不感兴趣的事情时，更加多发。如孩子不想写老师布置的作业，可妈妈却在一边催他快点写。于是，孩子就更加慢了。再比如，孩子晚上不想早睡，想看电视，妈妈让孩子快点儿时，孩子就故意磨磨蹭蹭，老说这就去，可就是坐在电视机前不动。

【错误成因】

孩子做事拖拉，与以下几种原因有关：

（1）缺少时间观念。孩子没有成人那种"一寸光阴一寸金"的概

念，因而，经常有懒散、懈怠或者拖拉的现象发生。

（2）注意力分散。通常，6岁孩子注意力只能集中15分钟。这样的话，在孩子长时间做某一件事，而事情本身比较枯燥的话，必然会导致孩子大脑疲劳而精神分散。

【解决方案】

孩子做事拖拉，父母可积极地引导：

（1）故事引导法。多给孩子讲一些有关名人守时的故事，或因为不遵守时间而造成重大损失的故事。这样就能让孩子意识到做事拖拉的坏处。

（2）帮孩子制定一张作息时间表，如，早晨7点起床，7点10分洗完脸，7点20分吃饭。制定表格时，要征求孩子的意见。然后贴在孩子能看见的地方，并时时提醒他"你看一下时间表，你现在应做什么了？"因为父母时时提醒孩子，就有利于他养成按休息时间表行事的习惯，从而有利于改变拖拉的习惯。

（3）如果孩子爱拖拉，父母可给孩子立规矩。如，从幼儿园回来，必须在一个小时内做完作业；吃饭时，必须用半个小时吃完。吃不完、做不完，就将作业或饭收走。按时做完作业，或吃完饭，父母可奖励

他看动画片。

（4）父母让孩子自己跟自己比赛，先将自己孩子的磨蹭毛病一一列出来，设计一张成绩表，记录做某件事的最初时间。如孩子洗脸慢，你可以让孩子比赛洗脸，如果今天洗脸用了五分钟，比昨天快了一分钟，你也要表扬孩子。一周总结一次成绩，如果孩子一天比一天快，父母奖励孩子周六带他去游乐园。

（5）帮孩子养成专心做事的习惯，如，每天从幼儿园回来，先练半个小时的画画，或先练半小时的书法。因为这样做有利于培养孩子的自制力，让孩子能集中精力做一件事。

（6）玩如"我可以更快"的游戏，孩子玩时，父母可以扮演速度测量员的角色，帮孩子记录一个单位时间里（例如半个小时）能做多少事，写多少个字。然后算一算按这样的速度，做完所有的事情要用多长时间。让孩子知道自己是能够这样快完成一件事的。

【误区警示】

孩子做事拖拉，父母切忌这样做：

☆帮孩子纠正做事拖拉的习惯时，不能坚持，如今天孩子身体不适了，就让他睡懒觉。因为这样不

利于孩子改变拖拉习惯。

☆见孩子做事慢，如扫地慢，就不让孩子做了。因为这样会让孩子因能力有限，做事越来越慢。

☆在孩子做事时，如，玩拼图时，大声议论或哈哈大笑等。因为这样会干扰孩子，使他无法集中注意力做手头的事儿。

尿 床

【释义】

在晚上睡觉时，孩子因精神因素或生活习惯而导致的一种行为，也就是人们常说的尿床。心理学家认为，除了遗传、疾病因素外，大部分孩子都有尿床这种行为，多与精神因素有关，如精神紧张。而经常尿床的孩子往往胆小、敏感、易于兴奋或过于拘谨。这种行为在5~10岁孩子身上时有发生，男孩比女孩更为多发。

【典型表现】

这种行为多发生在白天孩子玩得太累或兴奋过度时，最典型的表现是，父母白天带孩子去游乐园玩，或孩子跟邻居家的孩子跑来跑去地嬉戏了一天。晚上入睡后，父母叫他起床撒尿，孩子就会因为太累不想起床。结果，父母一觉醒来后，就发现孩子尿湿床铺。除了晚上尿床外，有些孩子在白天撒尿时，也总是弄湿裤子或内裤。

【多发情形】

这种行为在天气比较寒冷的季节，或孩子入睡前饮水过多的情形下，更加多发。如，晚上时，妈妈做的饭菜放盐多了，孩子不停地喝水，结果，晚上孩子就易尿床。也有的孩子在睡前习惯喝奶或饮料，或吃了西瓜、哈密瓜等含水量多又有利尿作用的水果，而父母睡得太沉，又不知叫孩子起床撒尿，结果孩子总是尿床。通常，孩子尿床是有规律的，如有的孩子经常在上半夜尿床，有的孩子可一夜尿多次床。

【错误成因】

孩子爱尿床，主要有以下几种原因：

（1）精神因素。如，睡前孩子曾受了惊吓，或是因怕受到责骂而害怕尿床等，导致精神十分紧张，结果越紧张越想撒尿。

（2）遗传因素。如果你家的孩子是男孩子，又经常尿床，那可能是因为孩子的父亲小时候也往往尿床，因为这种原因导致的尿床，有时要到青春期才自愈。

（3）父母教养不当。如，父母如果从小没有对孩子进行及时的排尿训练；或让孩子穿太紧的内裤、内裤局部尿渍没有清洗干净等，都会导致孩子遗尿。

（4）一些父母为了省事，从小不给孩子把尿，而是靠尿不湿，这会导致孩子经常在梦中尿尿，从而不能形成一个良好的排尿反射。

【解决方案】

孩子爱尿床，父母可这样引导：

（1）如果孩子爱尿床，父母一定要注意，晚饭时，要让孩子少喝汤或粥，少吃过咸食物，提醒孩子"不要喝太多的水"，因为这样就能防止孩子因喝水或吃含水的水果太多而遗尿。

（2）如果孩子因内裤太紧而尿床，父母一定要注意给孩子买一些宽松的内裤，同时要保持清洁。

（3）每天晚上睡觉时，父母可定个闹钟，定时叫醒孩子起床排尿。这样坚持时间长了，孩子就会形成一个良性的排尿反射，就会改变遗尿的不良行为了。

（4）为防止孩子遗尿，父母从孩子小时候就要训练其蹲尿盆排尿。因为这样就形成一个良好的排尿反射，到时孩子就会起床排尿。

（5）睡前，父母可给孩子按摩背部或让孩子听舒缓的音乐。因为这样就可减少孩子因精神紧张而导致的遗尿行为。

（6）如果孩子原来不尿床，近期突然有尿床的毛病，或者遗尿次数比以前明显增多，父母可带孩子去做尿常规检查，因为这样就可排除尿路感染而引发的遗尿问题发生。

【误区警示】

孩子有遗尿的毛病，父母不能这样做：

☆对孩子说"这么大了还尿床，我怎么生了你!"因为这样只能使孩

子精神更加紧张而加重尿床现象。

　　☆认为小孩子尿床正常，长大了自然就好了。这种做法不可取。

因为这样有可能让孩子养成尿床习惯。

"宅童"

【释义】

在日常生活中，孩子因个性或沉溺电脑、电视等因素而引发的一种行为，也就是我们常说的孩子老爱待在家中不出门。心理学家认为，这种行为既会影响孩子的社交能力，让其社会交往能力降低，不愿意融入社会，又会导致孩子求知欲降低。而近年来，"宅童"的数量日益增多，且有低龄化趋势，而在 6 岁左右的孩子中间，"宅童"并不少见。

【典型表现】

每天从幼儿园或从学校回家后，孩子就写作业，再看会儿电视，然后就得睡觉了。而到了周末，他依然喜欢不厌其烦地宅在家里，不是坐在电视机前看动画片，就是在电脑前玩游戏……这些都玩腻了，就一本接一本地看漫画书。

【多发情形】

这种行为多发生在父母工作忙，或不爱带孩子出门，很少有机会出门的孩子身上。孩子习惯了在电脑或电视前，或用漫画打发时光。有些孩子习惯了这样的生活，如果父母偶尔想带他出去玩，他不会表现得太兴奋。但心理学家认为，如果孩子长此宅下去，会导致人际关系疏离、拙于语言表达、个性孤僻、自信不足等。

【错误成因】

孩子为何成为"宅童"呢？这与以下因素有关：

（1）个性原因。如孩子性格内

向，孤僻，这类孩子多不爱与外界接触，因而，喜欢在家待着，看看电视或玩玩电脑。

（2）父母教养方式不当。如怕孩子在外受欺负，而不让孩子与其他孩子玩，时间长了，孩子就不爱出去，喜欢待在家里了！

【解决方案】

孩子爱在家宅着，父母可积极引导：

（1）父母可为孩子多安排户外活动，只要有时间，就带孩子去游泳、打球、轮滑、骑自行车、远足等，因为这样就让孩子慢慢变得爱户外活动了。

（2）合理地安排孩子户外活动的时间，最好制订一个计划，如每周做哪项活动，每次活动不超过1个小时等，因为这样可防止孩子因太累而放弃。

（3）让孩子多做他擅长的活动，或感兴趣的活动，如，孩子喜欢玩滑梯，父母就不能要求他去荡秋千。因为只有孩子喜欢的活动，他才可能坚持长久。

【误区警示】

孩子爱在家宅着，父母最好不要这样做：

☆听之任之，孩子不想出去玩就不出去。这种做法是错误的，因为这样就影响孩子的社会交际发展能力。

☆给孩子买很多漫画书，让孩子一本接一本地看漫画书。这种做法也不可取。因为这样会让孩子更不爱出门，从而减少孩子与外面接触的机会。

探究性器官

【释义】

　　在日常生活中，孩子因好奇心强或有性意识而引发的一些行为。心理学家认为，这是非常正常的一种现象。孩子对身体感兴趣是身心发展的一种自然现象，而且会随着年龄的增长不断更换触摸区域。目的不在于触摸的器官，而在于满足自己的好奇心或寻找乐趣。这种行为在6岁男孩子身上比较多发。

【典型表现】

　　这种行为多发生于婴幼儿时期，如，孩子有事没事地摆弄自己的性器官。通常，男孩子喜欢将小手伸进裤子里摆弄自己的"小雀雀"。父母以为孩子这种行为可能是因局部瘙痒所引发的，可涂了些药膏仍未见效。女孩呢，通常爱摸弄自己的小乳头或每晚睡觉的时候摸自己的下体。

【多发情形】

　　这种行为在孩子感觉无聊时，更加多发。如，男孩子老动手去摆弄自己的"小雀雀"，女孩有事没事地将小手伸进裤子里摸自己的下体。也有孩子在洗澡时，爱动手摸自己的性器官。这让父母十分纠结："孩子这是怎么了？"事实上，随着好奇心的满足，以及活动、玩伴的日益增多，这种行为会逐渐消失。

【错误成因】

　　孩子之所以爱摆弄自己的身体或对性器官好奇，多是由于以下原因：

（1）好奇心强。孩子在6岁左右，对自己的身体，特别是性器官好奇，往往对自己身体上的各种器官产生浓厚兴趣，于是就想看个明白，如，我为何能撒尿、"小雀雀"为何能起来等。

（2）无聊。父母陪孩子时间少，家里的玩具又少，想玩玩具又没什么可玩的玩具时，孩子就会感觉无聊，此时，孩子就会动手摆弄自己的性器官，以满足自己触摸的欲望。

（3）负面模仿。孩子的模仿力极强，如果孩子的玩伴爱摸生殖器官，其他的孩子就可能有样学样，跟着照样做。

（4）孩子小时候，很多父母或家中长辈爱对孩子开玩笑，如，看"小雀雀"飞了吗？此时孩子就会看看或摸摸，时间长了就形成了一种习惯。

（5）寄生虫感染。如果孩子受到寄生虫感染，孩子就会感觉特别痒，特别是女孩子，就会不断地抓摸阴部，或以桌角摩擦阴部。

【解决方案】

孩子爱摆弄自己的身体，父母不妨尝试以下方法进行引导：

（1）父母发现孩子对性器官好奇时，可给孩子打开电视，或拿出他喜欢玩的玩具，因为这样会转移孩子的注意力。

（2）如孩子经常摆弄性器官，父母可带孩子去公园或人多的地方，鼓励孩子跟小朋友一起玩滑梯、荡秋千等。因为当孩子被兴趣盎然的游戏迷住时，他自然而然就会淡忘那个习惯的。

（3）孩子爱摆弄性器官，特别是家中有女孩爱摆弄性器官，父母可带孩子去医院检查一下，看孩子是否受到寄生虫感染。平时，一定要注意经常给孩子洗澡，保持性器官的清洁。

【误区警示】

孩子爱摆弄自己的身体，父母最好不要这样误导孩子：

☆不厌其烦地呵斥"快放下手"。这种做法是错误的。因为这样反而会强化孩子的这种不良行为，让孩子我行我素。

☆不管孩子，认为孩子大些就好了。因为这样做易使孩子形成不良习惯，甚至会影响孩子身体健康。

夜间惊恐

【释义】

孩子在晚上睡觉时，因白天过度劳累或兴奋而引发的一种行为，如突然惊醒，瞪眼坐起，惊慌失措。孩子突然惊醒的目的不在于起床，而是因为白天受过什么刺激或身体有什么不适的，而导致精神紧张。这种行为在5～7岁的孩子身上最为常见，并时有发生。

【典型表现】

这种行为多发生在孩子睡着后，通常多发于入睡后两小时内，如，已经睡着后的孩子先是大喊大叫，之后突然坐起，或站起，也有的孩子会哭闹。往往父母或家人哄劝一会儿后，孩子又会躺下睡着。通常，第二天如果父母问孩子昨天晚上怎

么了，孩子都回忆不起来自己做什么了。

【多发情形】

这种行为在孩子白天过度劳累或受过什么刺激后，更加多发。如，白天与小朋友一起玩游戏时，活动量太大，孩子太累了，或孩子在睡觉前，被父母责骂过。晚上入睡后，孩子易惊醒，并且在床上乱窜，就如在逃避别人追打似的。一般几分钟后，孩子就会恢复平静。

【错误成因】

孩子夜间爱惊恐，无不与以下因素有关：

（1）孩子在白天或睡前受到了不良刺激，如看了一些有恐怖镜头或情节的电视或故事书；因调皮受

到了成人的责备和打骂等原因。

（2）身体不适，如，肺部有病，孩子睡着后就会梦到负重运行、胸部受压、被人扼住脖子而感到窒息等，并因此而出现做噩梦或大喊大叫的情形。

（3）孩子如果穿太多衣服睡觉或盖太厚重的被子，也会导致孩子因身体不适而惊恐、睡不好等现象或行为发生。

【解决方案】

孩子夜间爱惊恐，父母一定要注意以下一些事宜：

（1）在孩子睡觉前，让孩子保持平和、乐观的情绪，如不要给他讲惊险恐怖的故事或让他看此类的电视节目。要让孩子听轻松的音乐或给孩子做下按摩。因为这样就会避免孩子因精神紧张而在入睡后受惊恐。

（2）如果孩子白天玩得太累，父母要帮孩子泡个温水澡，或让孩子用热水泡脚。这样就可让白天玩得太累的孩子放松，不至于因太疲劳而出现夜间惊恐。

（3）父母一定要让孩子按时睡觉，同时，在睡觉时，不要让孩子穿太紧身或太多的衣服，最好让孩子裸睡或换上睡衣睡。因为良好的睡眠习惯，能让孩子休息好。

【误区警示】

明知孩子夜间爱惊恐，一些父母还是采取以下错误的做法：

☆一到晚上就因孩子调皮而吓唬他："狼来了""老虎要吃掉你"。因为这样做易让孩子精神紧张，从而引发夜间惊恐。

☆晚上吃饭时，不控制孩子食量，想吃多少就吃多少。这种做法也是错误的，因为孩子睡前吃得太饱，或喝太多的水，也易导致身体不适而引发惊恐。

抽动症

【释义】

在日常生活中，孩子因精神紧张或有不良习惯而引发的身体局部或部分无意识抽动的行为。

除了身体原因外，这种病症多是由于精神因素所导致，如激动、兴奋、疲劳。这种病症根据抽动部位可分为运动抽动和发声抽动，根据复杂程度又有简单抽动和复杂抽动之分。此病症常见并多发于5~8岁的儿童身上，在6岁孩子身上更是常见，而且是男孩多于女孩。

【典型表现】

这种行为多发生在孩子有不良情绪或精神紧张时，如父母打骂孩子，孩子感到委屈，而不敢发作，很多孩子就会挤眼睛或抽动鼻子。也有孩子在特别高兴时也爱挤眼睛或抽动鼻子。除此之外，这种病症还会有挤眉、皱额、咂嘴、伸脖、摇头、咬唇和模仿怪相等不良行为出现。

【多发情形】

这种病症在孩子身体不适时，更加多发，如，有的孩子会在身体不适，如感冒时会不停地抽动鼻子；在感冒轻些时，孩子就会抽动得少一些。有些孩子在精神紧张，如去陌生的场合或见到陌生人时，总是频繁挤眼睛或抽动鼻子。当孩子看电视看得高兴时，也爱挤眼睛。通常，当孩子注意力集中时这些抽动症状会减少，睡眠时抽动消失。

【错误成因】

孩子爱挤眼或抽动鼻子，多与

以下原因有关：

（1）负面模仿。如与孩子一起玩的小朋友中，有爱挤眼睛或抽动鼻子，或挤眉、皱额、咂嘴的。孩子就易负面模仿，从而导致不良行为，如挤眼睛或抽动鼻子的形成。

（2）父母教养方式不当。如孩子一犯错误就打骂。这易让孩子因精神紧张压抑而患抽动症，如不停地挤眼睛或抽动鼻子。

（3）强化效应。孩子偶尔挤眼睛或抽动鼻子，父母为此大惊小怪，在无意中强化了孩子的不良行为，并形成一种不良习惯。

【解决方案】

孩子爱挤眼或抽动鼻子，父母一定要多关心孩子，并用以下方法帮其纠正：

（1）在日常生活中，父母要多关爱孩子，有时间与孩子一起玩一些必须精力集中的游戏，如成语接龙或故事接龙游戏，或与孩子一起拍球、下棋。因为这些游戏或活动需要注意力高度集中，这样可以分散孩子挤眼或抽动鼻子的注意力。

（2）有时间父母可让孩子与自己一起整理房间，并在整理房间的过程中，帮孩子擦下汗，或夸赞他做得多快，将被子整理得很整齐等。

因为父母认可孩子，就会让孩子感觉到母爱或父爱，从而避免因缺少安全感而紧张或压抑，从而不断地挤眼睛或抽动鼻子。

（3）多给孩子吃新鲜的水果或食物，同时，要让孩子休息好。如有必要经常带孩子去游泳或跑步，因为孩子体质增强了，不爱感冒了，就会减少孩子挤眼或抽动鼻子的发作概率。

（4）每天不要任由孩子长时间坐在电脑前打游戏，或看血腥武打等电视卡通片，要与孩子约定玩电脑的时间，如，每天只玩半个小时，并用闹钟或计时器予以控制。因为这两类活动都可能会导致孩子眼疲劳，从而引发孩子挤眼或抽动鼻子毛病的发作。

【误区警示】

孩子爱挤眼或抽动鼻子，父母千万不能这样做：

☆对孩子大吼大叫："跟你说多少次了，怎么还不改？"因为指责孩子会让孩子精神更紧张，并因而加剧抽动的次数。

☆任由孩子吃含防腐剂等食品添加剂的食物，因为这些食物都可能让孩子因兴奋而挤眼或抽动鼻子。

丢三落四

【释义】

在日常生活中，孩子因个性或注意力难以长时间集中、独立性差等原因而引发的一种行为。从心理学角度来分析，孩子爱丢三落四，是独立性差、依赖性强的表现。这种行为在 6 岁孩子身上非常常见，并时有发生。

【典型表现】

这种行为多发生于孩子急于做某事时，如急于出门，却把钥匙忘在了房间里；有些孩子早晨起得晚，又急于去上学，常常会忘记把文具放进书包里。当然，也有些孩子会因为贪玩而忘记把书包带回家来，也老爱丢橡皮、铅笔之类的小物品。

【多发情形】

这种行为在依赖性较强的孩子身上更加多发，如平时都是妈妈给他整理书包，而当妈妈有事或出差时，他就通常不会把东西带全，不是忘记了带书本就是忘记了带文具。而且等孩子发现自己忘带应该带的物品时，通常很着急。但过后，如果父母不提醒他的话，他还是易丢三落四。

【错误成因】

孩子爱丢三落四，多由于以下几种原因：

（1）依赖性强。凡事都让父母帮他做，这类孩子生活缺乏条理，东西乱放，需要用时找不到。同时，又不知如何整理自己的物品，如果

需要他自己做时，肯定会丢三落四。

（2）性子急。如，孩子急于完成作业，因着急而丢三落四，如忘记写小数点，或把6当成9。此外，如孩子记忆差，老忘记把东西放在了哪里，也会在着急用时找不到。

（3）不知珍惜物品。如橡皮、铅笔之类的小物品，通常孩子丢了，父母就马上给买，这样就让孩子养成丢三落四的习惯。

（4）态度马虎，没有听完或听清别人的话，就急急忙忙去做。或者对所做的事情不感兴趣，不喜欢做，就应付了事。

【解决方案】

孩子爱丢三落四，父母可这样引导：

（1）让孩子自己承担丢三落四的后果，如，把玩具弄丢了，不要急着给他买；把小伙伴的文具丢了，不必掏钱给他赔，让他自己出零花钱赔给人家。让孩子自己承担后果，要比父母时时提醒他好得多。

（2）他人讲话时，父母要告诉孩子好好听，认真听。不理解或没听清的，应学会有礼貌地再询问一遍，如老师布置作业，或父母吩咐他做何事时，一定要让他听清后再去做。因为这样就可有意识地培养孩子办事认真，善始善终的良好习惯，从而避免因粗心而丢三落四了。

（3）让孩子养成做事后检查的习惯，如带孩子去旅游，要让孩子检查自己应带的用品带全了没有？如孩子不想检查，父母一定要提醒他。孩子检查过了，爸妈一般不要再检查，如果落了什么东西，让他自己承担后果。

【误区警示】

孩子爱丢三落四，父母不能这样做：

☆不管不顾，认为"孩子长大懂事了，自然而然就好了"。因为这样，会让孩子偶尔丢三落四的行为，变成一种不易改变的习惯。因而，不良现象应及早矫正。

☆每天帮孩子整理书包，孩子自己的事不让他自己做。因为这样是在包办孩子的事，这易让孩子因生活能力差而丢三落四。

赖　床

【释义】

在早晨起床时，孩子因懒散或有不良习惯而引发赖床行为。心理学家认为，这是非常正常的一种现象，因为孩子早晨一觉醒来时，是由深睡期过渡到浅睡期才能完全清醒。如果在孩子深睡期生硬地叫他起床，孩子因大脑仍处于深睡的状态，会随时倒下再睡。如果父母再叫他起床，孩子就常常会发脾气，穿衣漱洗也不耐烦。

【典型表现】

父母多次催促该起床了，孩子还是不起。

有时起来了，孩子还会在被子里磨蹭着不穿衣服。

有些没睡醒的孩子，还会在醒来后继续接着睡，并很快睡着了。

【多发情形】

在孩子不想上学时，孩子即使已经睡醒了，也会赖在床上不穿衣服。

在晚上睡得太晚时，早上往往睡不醒，孩子就会赖床，甚至醒后继续睡。

在周末不用上学时，孩子因为平时睡眠不足，经常要睡到很晚才起床。

【错误成因】

孩子不爱起床，多与以下原因有关：

（1）负面模仿。如，有的父母在休息日自己也不爱早早起床，一觉睡到上午十点多。在父母的影响下，孩子就易因负面模仿而不爱

起床。

（2）在深睡期叫孩子起床。通常，孩子在睡眠浅睡期才能完全清醒。但很多父母在孩子睡得很沉时生硬地叫孩子起床，必然会导致孩子的反抗或孩子起来后倒下再睡。

（3）父母教养方式不当。很多父母溺爱孩子，老怕孩子休息不好，不到上学的时间，舍不得叫孩子起床，结果时间长了，让孩子养成了懒散的习惯。

（4）对于即将开始的事情没有热情。有些孩子不想上学，于是就在床上磨磨蹭蹭，能拖就拖。如果得知起床后外出游玩，孩子醒来后马上穿衣、洗漱，而不会拖延时间。

（5）没有时间观念。很多孩子没有时间观念，不知道自己要几点起床，也不知道几点出门上学，几点上课。对于穿衣、洗漱、早饭时间也没有概念。于是就会依着性子来，想磨蹭就磨蹭。

（6）睡得太晚。很多家庭做不到早睡早起，很多家长习惯晚睡，明知孩子第二天上学还晚上任由孩子玩到凌晨才睡，第二天早上需要起床时，孩子肯定睡不醒，必然会赖床不起。

【解决方案】

孩子不爱起床，父母可以用以

下妙计让小懒虫乖乖起床：

（1）在孩子起床前 10 ~ 15 分钟，父母可以制造一些轻微的响声，如"哗"地一下打开窗帘，或打开电脑，放一些轻松的音乐，因为这样就可使室外新鲜空气和光线透进室内，让孩子从深睡期醒来。

（2）发现孩子睁开眼后，父母可以唱一首自编的起床歌，因为这样就能使孩子对这首歌建立起条件反射，听见这首歌，就知道自己该起床了。

（3）为防止孩子睁眼后赖在床上不想穿衣服，妈妈可以拿出孩子最喜欢吃的苹果、玩具，来诱惑一下，比如"穿好衣服，洗完脸，妈妈会给你一个大大的红苹果。"或"给你个漂亮的玩具啊！"

（4）叫孩子起床时，一定要用一些小妙计，有些父母总是爱对孩子生气地喊："起床了，我们要出门了！"还不如这样喊"香香的早餐就要上桌了，谁来得晚，谁就没得吃啦！"因为这样能吸引孩子的注意力，让孩子因好奇要看看有什么早餐而快点起床。

（5）叫孩子起床时，父母一定要用亲切的声音，并要用手轻抚孩子的背腰部、手和脸，触动他的听觉和触觉器官，因为在这样舒适的刺激中，孩子就会完成从浅睡状态到动态觉醒状态的转换过程。

(6) 孩子睁眼后，妈妈也可抱一下孩子，让孩子打个呵欠或伸下胳膊，活动身体；或给他讲个简短而又开心的笑话或小故事，因为孩子开心了，就比较听话了，会快快起床。

(7) 叫孩子起床时，父母可将烤好的面包、冲好的牛奶放在餐桌上，并打开卧室的门，这样就可以让孩子闻到食物的香气，而孩子因为有好吃的东西等着他，通常也会快点起床。

【误区警示】

孩子不爱起床，父母不能这样做：

☆一次次叫孩子起床。因为这样就会让孩子反感，甚至会用发脾气表示不耐烦，而且穿衣洗漱也不会很痛快。

☆在叫孩子起床时，孩子一哭闹，就因心疼他而由着他来。这样做不利于孩子养成良好的习惯。

任　性

【释义】

在日常生活中，因教育孩子方式不当或个性、气质不良等原因而引发的一些行为。从心理学角度来分析，任性是孩子一种不正常的心态，是孩子要挟大人满足自己某种需要的手段。但独生子女的任性带有普遍性。如果孩子的任性行为得不到及时矫正，就会产生心理障碍——支配狂。

【典型表现】

最典型的表现是，不听父母话，凡事由着自己性子来。如，早晨起床后，妈妈让孩子去洗脸，可孩子就像没听见似的，跑去看电视。父母说了好几次洗脸去，他才不情愿地去。

如果孩子想要某个玩具，父母不给买的话，孩子就开始发脾气，又哭又闹，怎么劝说也不行，直到父母为他买了，才会高兴。

在与同伴相处时，不管同伴是否也需要玩具或者零食，全部都据为己有。即使玩具和零食是别的同伴的，任性的孩子也不管，非要据为己有不可。同伴不给，就要打，甚至要老师或家长帮忙抢。

【多发情形】

这种行为在现代孩子身上具有普遍性，在任何情况下都很多发。

【错误成因】

孩子任性，多与以下原因有关：

（1）气质原因。人的气质分为四种类型：胆汁质、多血质、黏液质、抑郁质。通常，胆汁质的孩子大多脾气急，性子倔。这样的孩子通常自我意识强，不容易接受别人的建议，让父母感到非常头痛。

（2）父母教养方式有问题。如过于溺爱孩子，把孩子的地位摆得过高，一家人都围着孩子转。6岁孩子很聪明，知道谁对他好，自然会得寸进尺。如果要求不被满足，很多孩子会选择用哭闹逼迫大人妥协。在成人眼中，孩子就是任性不听话。

【解决方案】

家中有任性的孩子，父母可用以下方法来引导：

（1）让孩子多碰"钉子"，凡是不合理的要求，要坚持拒绝，如果孩子因此而哭闹，父母可暂时离孩子远一些。因为让孩子多碰一些这样的"钉子"，孩子就会渐渐明白不能像过去一样都听他的了。

（2）6岁的孩子已经能够理解和体会别人的感受了。所以在孩子任性非要抢同伴的玩具或零食时，家长一方面要制止他，另一方面启发他，你的这种行为会伤害你的朋友，到时人家就再也不和你玩了。还可以劝孩子的同伴离开，再也不和自己的孩子玩。这样孩子感觉失去了朋友，就不再任性了。

（3）当孩子无理取闹时，父母与家人谁也不理他。因为"冷淡"他一会儿，待他沉不住气主动与父母或家人搭讪时，父母就可抓住这个时机，告诉他"你这样做是不对的"。

（4）让孩子理解和感受父母的辛苦，引导孩子多为别人着想。6岁孩子已经有一定的理解能力，家长可经常告诉孩子工作的辛苦，告诉孩子自己上了一天班很累，启发孩子关心自己。孩子做了错事，或者任性胡为，家长可做出伤心的样子，告诉他你这样做令爸爸妈妈很难过。并告诉孩子，爸爸妈妈什么事都为你着想，你如果爱爸爸妈妈的话，也要做事情之前为爸爸妈妈想一想。

（5）孩子任性，父母可尝试转移孩子的注意力。如，家中来客人时，孩子非要玩客人的手机，不让玩就哭闹。父母可拿出孩子平时喜欢的玩具或美食，如，可给孩子一块橡皮泥，让他玩。因为这样孩子有了喜欢的东西，就会慢慢把注意力转移到喜欢的东西上，从而不再任性。

【误区警示】

孩子任性时，父母不能这样做：

☆孩子一任性，一哭闹，就马上满足孩子的无理要求。因为这样

既不利于孩子的心理健康，又让孩子养成以此来要挟父母的习惯。

☆孩子任性时，爸爸批评，妈妈护着。妈妈最好不要这样做，因为这样以后，孩子就会倚仗自己有了靠山，反而更任性了。

欺软怕硬

【释义】

在孩子与他人相处时，因个性或教养方法不当而引发的一种不良行为，即用不同的态度和方法对待不同的人。

心理专家认为，如果这种行为没有得到有效的引导，很有可能在他长大之后出现更加严重的心理问题。这种行为在 3 岁以上孩子身上比较多发，如果父母不加以正确引导的话，到孩子 6 岁时，依然时有发生。

【典型表现】

在与同伴进行集体游戏时，对于比自己强的孩子，比如比自己个子高、力气大的孩子很害怕，但对比自己年纪小、力气小、个子矮或者性格懦弱的孩子，就时时处处欺负、侵犯对方的利益，比如抢他的玩具、扔他的文具等。

在家里，平时爸爸对自己要求比较严格，妈妈对自己比较溺爱，如果爸爸不答应自己的要求，或向爸爸要零花钱被拒绝，那么，孩子就会向妈妈撒泼、哭闹，甚至会动手打妈妈。同理，如果平时奶奶比较溺爱孩子，则会向奶奶撒泼、哭闹。这也是一种变相的欺软怕硬。

【多发情形】

这种行为在与小朋友相处时比较多发，如，在学校时，与比他大或比他厉害的小朋友相处时，孩子就会特别听话，小朋友让他做什么他就做什么，即使抢了他的玩具，

他也不敢吱声；反之，和比自己小的朋友一起玩时，他通常会欺负别的小朋友，称霸王，如抢别人的玩具或动不动就与小朋友打架。

【错误成因】

孩子欺软怕硬，多是由于以下原因所致：

（1）教育方式不当，如父亲进行"严教育"、母亲实行"宽教育"，父亲打骂母亲哄。这种一惩一纵，一严一松的教育方式很容易使孩子在家里只怕一个人，只听一个人的话。当他怕的人不在场时，他就会欺负另一个人，长此以往，这些孩子就会变得"欺软怕硬"，使用不同的态度和方法对待不同的人。

（2）与他成长的经历有关。比如第一次他并没有向大孩子妥协，但是却遭受了欺负，无奈之下不得不屈服。或看着别的孩子都乖乖听大孩子摆布，他就只好低头让步。而遇到比自己小的孩子或比自己弱的孩子时，孩子必然会把因大孩子欺负自己而产生的不满情绪，发泄在比自己小的孩子身上。如果小孩子屈服了，孩子就会有这样的经验：比自己厉害的，就不要惹他，比自己软弱的，就可以欺负他。

【解决方案】

孩子欺软怕硬，父母可以这样引导孩子：

（1）父母可以和孩子玩"角色换位"的游戏，在游戏时，让孩子扮演弱者的角色，父母可以抢他的玩具或他最喜欢吃的食物，如香蕉。因为这样就会让孩子明白，欺负他人，他人会很难过。

（2）如果孩子怕大孩子，父母可带孩子去与大孩子玩，父母可多多参与孩子们的游戏，同时，教给孩子一些交际技巧。如告诉孩子："哥哥或姐姐抢你东西时，你可以大喊不要抢。"提高声音，大孩子就不敢抢了。

【误区警示】

孩子欺软怕硬，父母不可以这样引导孩子：

☆不让孩子跟大孩子玩。因为这样反而会让孩子更怕大孩子，不利于改变其欺软怕硬的行为。

☆当孩子欺负比他小的孩子时，妈妈听之任之。因为这样会更让孩子在小朋友面前蛮不讲理、盛气凌人，加重孩子欺软怕硬行为。

独立性差

【释义】

孩子独自做事或独处时，因个性懒散或动手能力差而引发的一些行为。比如自己的衣服不自己穿，非要妈妈穿；大小便后非要让妈妈擦屁股等。

心理学家认为，孩子独立性差，不只是指独立的生活能力差，还包括独立的学习能力、处理问题的能力、独立的思考和做决定的能力等方面较差。从心理学角度分析，这是依赖性强的表现，是独立性差的表现。这种情形在6岁孩子身上非常常见，如果父母不注意孩子独立性培养的话，孩子独立性差将持续很长时间。

【典型表现】

这些行为多发生在孩子需独自面对生活中的事务和问题、困难时，如在家时凡事由父母或家人包办，而一到了学校，就显得独立性差了。如在学校需要小便时，磨磨蹭蹭了好长时间，也没有将裤子褪下来，结果就尿到裤子上了；或需要老师帮忙，才能将裤子褪下来。通常孩子独立性差，还表现于孩子不敢做主，事事要问父母如何做，一到陌生的场合中就黏着父母。

【多发情形】

孩子独立性差的行为在娇宠他的家人在场时，更易发生。如，父母要求孩子整理房间时，孩子要么懒于整理，要么整理得很差，最常见的情形是，眼看上学要迟到了，孩子手忙脚乱，被子也没叠，脸也没洗，还要收拾书包，"算了，还是我来吧"。父母只好在唠叨中把需要孩子自己做的事全部代劳。

通常，独立性差的孩子，有两面性，在溺爱自己的人面前一个样，如吃饭的时候，"让奶奶喂我"。但在对他要求比较严格的爸爸面前却表现得很自立。

同样，在家里不能做到的事情，在学校却又能做得很好。可见环境不同，要求的人不同，独立性也有差异。

【错误成因】

孩子独立性差，多与以下原因有关：

（1）教养不当。如从小在生活上过分照顾孩子，处处包办代替，造成孩子的依赖性强，事事都指望着父母帮他做。时间长了，孩子必然变得自理能力差，甚至变得懒散。

（2）溺爱孩子。对孩子过度宠爱与保护，孩子自己倒水怕烫着，孩子做点事怕累着孩子，宁可让孩子在家里玩电脑、看电视，也不放心孩子到外面和小伙伴玩耍，这更是压制了孩子独立性的发展。

【解决方案】

孩子独立性差，父母可这样引导孩子：

（1）孩子独立性差，就一定要设法培养孩子的独立性，多给孩子创造动手机会，必要时要装病，让孩子给自己倒水，做简单的家务，如扫地。因为孩子都同情弱者，会因为有同情心理而动手做事。

（2）定一份家庭规则，谁的事谁做，比如孩子的玩具，吃饭时的小凳子，用过后让孩子自己来收拾，这样可以锻炼他的独立意识。这份家庭规则需要全家人的共同遵守和配合。

（3）多鼓励孩子与自理能力强的孩子玩，当孩子为玩哪种游戏，与同伴争论起来时，不要急着参与其中，要给时间让他们自己去解决。因为解决冲突的过程，就是孩子渐渐独立的过程。

（4）当孩子动不动就要妈妈来帮忙，妈妈可以示弱一下，"这件事我不会做，你做好了教我好吗？"或"我现在真是没有时间，你自己先做好吗？"

（5）父母做家务时，如包饺子时，孩子如果感兴趣，并想帮忙的话，父母不要怕越帮越忙，最好给孩子准备好围裙和工具，一起动手。因为这样做既保护了他的好奇心和探索的欲望，又能培养孩子的动手能力。

（6）培养孩子的独立性，一定要从简单的事情做起，如让孩子收拾玩具，或帮父母在饭前拿碗筷。因为这些小事简单易做，能让孩子有成功做事的体验，让他认为"我行"。这样能让他更加自信，下次还想做得更好。

【误区警示】

孩子独立性差，父母不可这样引导孩子：

☆认为孩子还小，不做或不会做也不要紧，大了很多事自然就会做了。因为这样就会失去培养其独立性的最佳时期。

☆在孩子独自做事，犯了错时，如，在倒水喝时打碎了杯子，对孩子严厉地批评，说孩子笨。父母千万不要因孩子做错事过于批评孩子，因为这样做会打击孩子做事的积极性，不利于孩子独立性的培养。

不讲卫生

【释义】

在日常生活中，幼儿由于没有良好的卫生习惯而引发的一种行为。如不爱洗脸、不刷牙等。心理学家认为，随着动作协调能力增强，3～6岁这个年龄段的孩子可以独立地完成一些个人卫生，比如穿衣、洗脸、刷牙等。但如果这个阶段缺乏父母的有效引导和耐心的培养，他很难养成爱讲卫生的习惯。这种情形在6岁孩子身上仍然常见，并且多发。

【典型表现】

这种行为随时都可能发生，常见情形是：大小便后懒得洗手，早晨起床后不爱洗脸，晚上睡觉前不爱洗澡、刷牙等。

6岁孩子爱玩玩具或拿木棍玩，经常玩一会后，手就成黑的了，而且老爱用小黑手拿起饼干就吃，如果让他去洗，就会大哭大闹。父母看他们脏兮兮的样子生怕影响形象和健康，不得不生拉硬扯地让他们洗，或帮他洗，孩子反倒表现得心安理得。

【多发情形】

这种行为在没有养成卫生习惯的孩子身上，时有发生，并且男孩多于女孩。他们爱玩耍，又不知道爱整洁，认为不洗脸不洗澡，没有什么大碍。有时在学校表现得很好，会主动将小手洗净，将玩过的废纸扔到垃圾桶中，但是一回到家里，却又变了个样。

【错误成因】

孩子不讲卫生，多由于以下原因：

（1）父母教养方式不当。有时候大人太忙，没有时间教导孩子或者管理孩子，任孩子在家中娇生惯养，怎么舒服怎么来，这些都是造成孩子不爱清洁的原因。

（2）有过不快经历，如洗头发时，让孩子低头洗，孩子会怕水珠溅到眼里。洗澡用喷头，有的孩子也不适应，所以也会对洗澡产生抗拒心理。如果父母给调的水温不当，过高或过低，也会造成孩子既不爱洗澡，也不爱洗脸。

【解决方案】

孩子不讲卫生，父母可尝试以下方法来帮孩子：

（1）平时，可与孩子进行洗手或洗脸比赛，如果孩子输了，要教育孩子正确的洗脸洗手方法。下次如果孩子赢了，一定要给孩子一个小小的奖励，如一个小玩具。因为这样就能激励孩子养成讲卫生的习惯。

（2）父母发现孩子乱丢垃圾后，一定要孩子动手打扫，比如把泡泡糖扔在地板上，这样，他清理

起来就特别费事或麻烦，而在清理的过程中，就可让他亲身感受不讲卫生所带来的后果。

（3）父母通过讲故事的方法，帮孩子纠正不爱清洁的习惯，比如孩子不爱洗手时，妈妈可以问他："你愿意让成千上万个细菌进入你的肚子里吗？"这样做可让孩子意识到不讲卫生的后果，从而愿意主动去改掉自己的坏毛病。

（4）孩子不讲卫生，如不爱洗头，父母可设法吸引孩子。如，像理发店那样，在床边铺一块塑料布，上面铺上毛巾，让孩子躺在床上，头部悬空，床下放一个小凳子，高度配合水盆来调整。家长可放一些轻松的音乐，一手托孩子的头部，一手给孩子洗头发，因为这样容易让孩子养成讲卫生的好习惯。

（5）给孩子买个漂亮的洗漱用具，如卡通图案的洗脸盆、牙刷等，因为孩子对这类图案感兴趣，这样就能吸引孩子的注意力，甚至让孩子爱上洗脸、洗澡。

【误区警示】

孩子不讲卫生，父母不可这样做：

☆催逼、打骂孩子去洗澡、刷

牙等。因为这样易让孩子产生对抗心理，从而更不讲卫生。

☆告诉孩子要把脸洗干净，却不告诉孩子如何才能把脸洗干净。这种只提要求不教方法的引导不利于卫生习惯的建立。

斤斤计较

【释义】

在与他人相处时，孩子因个性因素或自我意识太强等而引发的一种表现，即我们通常所说的爱较真儿。比如"你打我一下，我就得打你一下，我非要还回来！"

从心理学角度分析，这是孩子小心眼、心胸狭窄的表现。从儿童成长特点来看，这是6岁孩子自我意识强的表现，凡事以自我为中心，不会为对方着想，什么都是"我得如何如何"，非常在意自己的感受，因而，遇事时就爱与别人计较、较真儿。这种情形在6岁孩子身上非常常见。

【典型表现】

这种行为多发生在与人相处时，比较多发。如孩子和小伙伴两个人一起看书，小伙伴不小心把他的书弄坏了，孩子就会为此大哭大闹，并将此事一直记在心上，终于有一天趁小伙伴不注意，也把他的书弄坏一角。"你弄坏了我的书，我就弄坏你的书"。

【多发情形】

这种行为在与家人相处时，更加多发。比如，孩子作业写得不认真，妈妈打了她一下，如果在这之前，妈妈承诺过不再打她，孩子就会因此又哭又闹，质问妈妈说不打，为什么又打他。

爱斤斤计较的孩子，对别人的一句话，也非常在意。常常把他人的玩笑当真，如，邻居说再闹不许来我家玩了。而等邻居来自己家玩时，孩子就会说"你不让我去你家玩，你也别来我家玩"等。

【错误成因】

孩子爱斤斤计较，多是由于以下原因造成的：

（1）教养方式不当。如妈妈经常告诉孩子"别人打你，你就打他""分苹果的时候，拣大的拿"，教会孩子去和人计较，不吃亏。时间长了，孩子必然会养成斤斤计较的习惯。如，与小朋友相处时，会有你告我一状，我就告你一状；你踩我一脚，我就还你一脚的情形出现。

（2）父母过于溺爱孩子。如有一口好吃的都得给孩子留着，久而久之孩子养成了"吃独食"等不良习惯，如果哪天看到旁人吃上一口，他就会感觉自己吃了亏，并不依不饶。

（3）6岁孩子，自我意识较强，凡事喜欢以自我为中心，如果父母从小不注意共享或分享意识的培养，孩子没有机会体验到与人分享的快乐，自然会变得斤斤计较。

【解决方案】

孩子爱斤斤计较，父母如果要

积极引导孩子，可尝试以下小妙方：

（1）父母可从简单的小事做起，教孩子大方一些，宽容一些。如鞋被小朋友踩掉了，帮孩子穿好，并当着孩子的面跟小朋友说"没关系"。因为这样就能让孩子慢慢变得大方，宽容他人。

（2）孩子爱计较，父母可采取"淡化"法。如孩子来告别人的状，说萌萌玩自己的玩具，妈妈可对孩子说，"就让萌萌玩一会吧，她玩一会就给你了，你以前不也玩人家的玩具了？"因为这样有利于培养孩子的分享意识。

（3）父母可经常买回一些糖果，然后让孩子亲自把糖果分给家人，如，先给奶奶，再给爸爸、妈妈，最后给他自己；在与小朋友一起玩耍时，父母可让孩子拿出玩具，并教孩子把心爱的积木、玩具等分一些给小朋友玩。孩子做得好时，不要忘记表扬孩子。因为孩子都喜欢听好话，你赞扬他，就会让他坚持好的做法。

【误区警示】

孩子爱斤斤计较，父母不可这样做：

☆孩子与小朋友吵架，领着孩子去找小朋友算账。因为这易让孩子负面模仿，从而变得更爱斤斤计较。

☆骂孩子小心眼，不懂事。因为给孩子贴不良标签，会给孩子消极的心理暗示，不利于孩子改变斤斤计较的个性。

乱扔衣服

【释义】

在生活中，孩子因个性散漫或缺少秩序感等因素而引发的一种行为。如放学回到家，随手就把脱下的衣服丢在沙发上，将书包扔到床上。

从心理学角度分析，这是孩子缺少所用物品须归原位意识的表现。心理学家认为，孩子乱扔衣服的原因是缺少计划性，缺少对事情的统筹安排。这种行为在6岁孩子身上时有发生。

【典型表现】

这种行为多发生在家中。常见情形是：孩子的房间内，衣服、鞋子四处乱扔，文具丢得到处都是，干净衣服和脏衣服混在一起。在父母的多次督促下，孩子可能偶尔会勉强收拾一下，但过不了多长时间，房间内又变得很乱。通常，孩子早晨起床不是找不到鞋子，就是找不到袜子。

【多发情形】

这种行为在孩子没养成好的生活习惯的情况下，时有发生。孩子乱扔衣服，有时是发泄不满、有时却表现得兴高采烈。更多情形是从外面跑回家，满头大汗，把衣服往床上、沙发上一扔，根本就不在乎。让他来收拾，又有各种理由，困了、累了，要不就明天再收拾。等第二天还是妈妈忍不住来收拾。

【错误成因】

孩子爱乱扔衣服，多由于以下原因：

（1）负面模仿。如果父母中有一个爱随手乱扔东西、乱放东西、不注重条理性，孩子在这种环境下长大也绝不会养成好习惯。如父母一下班回来，将衣服扔到床上或沙发上，孩子也会放学后把衣服、书包乱扔。如果与孩子一起玩的小朋友乱扔东西，孩子就会因负面模仿，而养成乱扔东西的习惯。

（2）缺少责任感。如果孩子每次乱扔衣服，都是家长来收拾，孩子会变得更加懒惰，缺少责任感。另外，如果平时家长给孩子买的衣服挺多，孩子不懂得珍惜，反正这件衣服找不到还有那件，总有穿的，这也是导致孩子乱扔衣服的一个原因。

【解决方案】

孩子爱乱扔衣服，父母一定要培养孩子将衣服挂在固定位置，或将东西归位的习惯，具体可参考以下方法：

（1）为孩子准备一个色彩鲜艳、图案漂亮的收纳篮，告诉孩子，衣服脱下来后，要放进这个收纳篮里。因为孩子对漂亮的东西感兴趣，通常会将衣服放进收纳篮，时间长了，必然会养成将衣服归位的好习惯。

（2）让孩子帮忙叠衣服，帮忙把衣服放进衣柜里。对孩子说："玩具箱是玩具的家，衣柜就是衣服的家。"这样他收拾东西更有兴趣。

（3）准备一些孩子够得到的吊钩等，来让孩子挂衣服，或买一个手动的可升降的衣架，帮助孩子养成将衣服挂起来的习惯。

（4）给孩子安排一个卫生角落的监管工作，里面可以是他的衣服和玩具的箱子，让他有成就感。

（5）晚上睡觉之前，让孩子整理好书包，准备好第二天要穿的衣服。当孩子老是找不到自己想穿的衣服，坚决不要帮他，对他说："看吧，这就是你平时没收拾的好处！"这样来教育他，孩子更容易吸取教训。

【误区警示】

孩子爱乱扔衣服，父母不要误导孩子：

☆认为树大自然直，大了自然就什么都会做了，而不去培养孩子的好习惯。如果这样放任孩子，会

滋生孩子的惰性，也让家长自己更辛苦。

☆当孩子尝试着收拾衣服时，父母不能说："你就不能做得快一点吗?"只有多鼓励，少批评，孩子才会越做越好。

不睡午觉

【释义】

在中午午休时，孩子因作息时间不规律或过度疲劳而引发的一种行为。儿童心理学家认为，儿童时期是大脑发育的重要时期，午休能让孩子的大脑充分地休息，所以对于孩子来说，养成良好的午休习惯，在中午睡个午觉很重要。但大多孩子都不爱睡午觉，特别是6岁孩子。

【典型表现】

父母想让孩子睡午觉，孩子却不听，要么在一边看电视、玩玩具，要么与小朋友一起跑出去玩。

在家不爱睡午觉的孩子，在学校中也不爱睡，通常会因为睡不着，和小朋友悄悄说话，从而被老师批评。这既影响他人休息，而且又不利于身体健康。

当然，也有些孩子在家里不爱睡午觉，到了学校，极有可能会模仿别的小朋友很快入睡。

【多发情形】

这种行为在精力充沛的孩子身上更多发，通常是父母都睡午觉了，孩子却在一边玩自己的，甚至有些孩子会给父母捣乱，如，将电视开得声音很大，或老是开门关门，或大喊大叫。也有些孩子会在大中午跑去找小伙伴玩，那样，也会让小伙伴不安心睡觉。

通常，有着良好作息习惯的孩子，会比那些没有作息规律的孩子更容易入睡，也睡得更好。

【错误成因】

孩子不爱睡午觉，多是由于以下几种原因：

（1）作息时间不规律。良好的睡眠习惯是按照规定的睡眠时间、睡眠环境以及成长的正常态度和方法，经过多次反复形成条件反射的结果。如果这些条件经常变化，孩子作息时间不规律，其午睡习惯就难以形成。

（2）有时为了让孩子睡午觉家长采用不正当的强制方法，吓唬或批评孩子，使孩子对睡眠产生恐惧心理，也是孩子不爱睡午觉的原因。如果孩子有了一个新玩具，或者存有好吃的小零食，就生怕睡后看不到自己想玩的、想吃的，因为心有所想，也会影响午睡。

（3）孩子不爱睡午觉，常与生活习惯改变和情绪的变化有关。例如，有些孩子在家爱睡午觉，但到了学校就不爱睡，就是因为睡眠场所的变化。当然，一些孩子在睡前听了怪诞的故事或看了惊险的电影，也会因情绪久久安定不下来而难以入睡。

【解决方案】

孩子不爱睡午觉，父母可这样引导：

（1）吃完中午饭，让孩子看一会儿故事书，到午睡的时间，可以提醒他说："该午睡了，睡醒再玩。"因为这样就让孩子形成了一种意识，即"午睡和吃饭一样，是一天生活中不可缺少的内容之一"。

（2）告诉孩子："这段午睡时间必须安静地躺在床上，但可以看书，可以玩玩偶。在午睡时间结束的时候，小闹铃会提醒你起床。"这样孩子如果能睡着也就睡着了，不能睡着也会让家长有一段难得的休息时间。

（3）给孩子立规矩，中午几点到几点之间是午睡时间，如果孩子睡觉呢，起来就给孩子一个小小的奖励，如他爱吃的水果，或买喜欢的小玩具。

【误区警示】

孩子不爱睡午觉，父母不可这样做：

☆为了更快让孩子入睡，吓唬他，"快睡觉，大灰狼来了"。这样只能让孩子对午睡产生恐惧心理，不利于身心健康。

☆说让孩子睡觉，但还是开着电视，而且音量调得很大。这种做法不可取，因为不安静的环境不利于孩子午睡。

偷 钱

【释义】

在日常生活中，孩子因没有建立成熟的道德观或自控力差而引发的一种行为。通常是为了满足某种需求，以正当方式跟家长要钱通不过，于是便私自去拿。

心理学分析，五六岁的孩子偷拿东西是无意识行为，因为此时的孩子好奇心和占有欲都特别强，是非界线模糊，因此，不能把这种行为与成人犯的错误相提并论，不宜用"偷"字来表达，但需及时引导。

【典型表现】

这种行为一般发生在家里，如，趁家人不注意时，从抽屉或者父母的钱包里拿钱，然后用这些钱去买自己想要买的玩具或零食。等妈妈发现钱少了，往往是孩子已将钱换成了玩具或零食。这让父母非常恼火。恼火的不是钱少了，而是孩子小小年纪竟然偷拿钱。于是很多父母会为此打骂孩子。

【多发情形】

这种行为在孩子强烈的需求得不到满足的时候，比如孩子想要某个玩具，但是妈妈一直不给买，这种情况就容易发生。同时，男孩较女孩又多发一些，因为男孩子对玩具及美食的占有欲更加强烈，同时自控能力更差，"不是不给我买嘛，我就拿钱自己买"。于是，孩子就会偷拿妈妈或爸爸的钱，偷偷地去买。

【错误成因】

孩子爱拿父母的钱，是由于以

下几种原因：

（1）父母没满足孩子的要求。如孩子想要买零食，父母不给买，或不想马上给她买。一些孩子就会偷拿家里的钱去买，以此满足自己的要求。

（2）6岁孩子有一种强烈的占有欲望，他对自己没有玩过的东西，既好奇又想获得，而且企图马上获得。特别是当他发现一起玩的小伙伴，有了好吃的好玩的后，就想让父母或家人马上给买，否则，孩子会偷拿家里的钱去买。

（3）父母如果爱买东西，如，妈妈经常动不动就当着孩子的面，给孩子买过多的零食或玩具，孩子就产生了有钱就等同于零食或玩具的心理。当孩子要想买玩具或美食时，就会不告诉父母，私自拿家里的钱去买。

【解决方案】

孩子爱拿父母的钱，父母一定要积极地引导：

（1）如果孩子曾经拿过父母的钱，父母一定要把钱放好，因为有的孩子偷偷拿妈妈的钱是发现妈妈把钱到处乱放，并有自己拿了钱父母也不知道的这种侥幸心理。

（2）平时，父母要告诉孩子，想买什么跟妈妈说。如果你的要求是合理的，妈妈一定会买的。

（3）每周都固定给孩子一定数额的零花钱，并随着年龄的增长而增长。同时，给孩子准备一个储蓄罐，让他养成自己支配金钱的习惯。

（4）妈妈当着孩子的面，记录每天的支出情况。让孩子知道花钱要合理，同时意识到妈妈是个心细的人。

（5）给孩子讲什么是"偷""借""拿"。"偷"就是在未经别人同意的情况下自己去拿了钱；"借"就是别人同意给钱，但是这个钱事后还要归还的；"拿"是别人同意给钱自己去别人的钱包取钱，并且让孩子知道偷是不好的。

【误区警示】

孩子爱拿父母的钱，父母不要这样做：

☆生气地对孩子大喊大叫，吓唬孩子"剁手、打手"等，并且进行打骂。这样很容易在孩子心中形成阴影，不利于改正毛病。

☆当发现孩子偷了妈妈的钱，当着外人的面来处理这件事。因为这会让孩子感觉丢面子，并在心中形成阴影。

☆打孩子，并骂孩子小小年纪偷东西。因为此时的孩子是分不清楚"拿"与"偷"的，不能轻易地给孩子贴"偷东西"的标签。

"虐待" 文具

【释义】

在日常生活中，孩子因有不良情绪而引起的破坏性行为，比如乱扔铅笔、把本子撕成小条条等。

从心理学角度来分析，这是儿童社会性发展过程中的一种不良行为。这种行为的目的是孩子发泄心中郁闷、缓解紧张情绪的一种方式

这种行为在 6 岁孩子身上非常常见，时有发生。

【典型表现】

这种行为只发生在孩子有不良情绪或他人没满足孩子的要求时，如，孩子要出去玩，但父母要求孩子写作业，于是，孩子就会摔书或笔。

在学校，与同伴发生争执，又不敢冲同伴发火，没有别的情绪突破口时，自然"拣软的捏"，拿无辜的铅笔盒、橡皮等小文具撒气，并且破坏性越大心里越解气，越平衡。于是，崭新的橡皮被孩子戳得千疮百孔，刚买的铅笔被摔得伤痕累累。

【多发情形】

这种行为在内心受挫或需求没有得到满足的情况下，时有发生。

比如，上课多次举手想回答问题，却总不被老师叫到。感觉自己比其他小朋友棒，可老师没有表扬自己，表扬其他小朋友了，孩子就会气不忿，但不能对老师发火，于是，就会拿铅笔盒、橡皮等小文具或小桌子、椅子出气。

【错误成因】

孩子爱"虐待"文具，多与以下几种原因有关：

（1）孩子有不良情绪时，多会生气、郁闷，此时，孩子又不知如何宣泄，往往会找一个替罪羊发泄一通。这种情形在6岁孩子身上非常常见。

（2）父母教养方式不当，对孩子的态度过于严厉，如看到孩子哭着回家，反倒骂孩子一顿。这样会让孩子精神紧张，又不敢顶撞，同时，孩子又找不到一个正常的宣泄渠道，自然会拿文具，甚至包括玩具、小动物发泄。

【解决方案】

孩子爱"虐待"文具，父母一定要积极地引导孩子：

（1）孩子有不良情绪时，可以带着孩子去外面"出出气"，比如跳蹦蹦床，这项活动对体力消耗大，利于郁积情绪的释放。

（2）孩子回到家，问孩子，"今天在外面有什么高兴或不开心的事啊？跟妈妈说说。妈妈可爱听啦。"其实孩子很乐于把开心和不开心的事都说出来，他并不愿意憋在心里。

（3）感觉到孩子学习压力确实大，可以请老师给孩子单独减轻一部分作业内容。

（4）尽量不要让孩子看有暴力画面的卡通片。因为孩子经常看这些画面，会从最初的恐惧发展到熟视无睹。当不开心的时候，很容易受这些曾经的画面的暗示，选择更弱小的东西来作为宣泄情绪的对象。

（5）对于"虐待"文具成瘾的孩子，父母除了帮他缓解压力、解开心结之外，还有必要制定奖惩制度，强制他改正不良习惯。比如孩子喜欢去公园，可规定，两周内如果"虐待"文具，就不带他去公园，以此作为惩罚。

【误区警示】

☆看到孩子"虐待"文具，家长上前就打骂。这样做只会让孩子的不良情绪越积越多，产生更大的破坏性行为，对心理健康也不利。

☆文具坏了，家长马上给买，这样做只能让孩子更加不珍惜文具。可以延迟给他买，让他尝尝"虐待"文具的苦头。

自制力差

【释义】

在日常生活中，孩子因易受外界影响或注意力难以长时间集中而引发的一种行为。如，做事三心二意，或与人相处时易情绪化。

从儿童成长特点来看，3～6 岁的孩子，心理过程的随意性很强，自我控制能力较差，常常一件事没做完又想着做另一件事。

【典型表现】

这种行为在日常生活中随时都可能发生，最典型的表现是：学习或做事情时，注意力不集中，不能一贯而终；做事毛毛躁躁，一件事没完成就急着去干下一件；做事情不专心，一会儿弄这一会儿弄那，总是鼓东弄西。

自制力差的孩子，与放任自己随性而为的孩子不同的是，前者从主观上想控制自己的行为，但是到了行动上很难控制自己，如看电视，说好只看三十分钟，但没人喊的情况下，会看半天。上课老师讲课，明知说话不对，总是忍不住插嘴，

【多发情形】

这种情形在孩子面对外界干扰或诱惑时，更易发生，如孩子在写作业的时候，父母在一边打麻将，麻将声就会让孩子难以集中精力写作业，很容易分心。

自制力差的孩子难以面对诱惑，如妈妈让写作业，但有小朋友叫他出去玩，他通常不会专心写作业，或者跟小朋友出去玩，不写作业了。

自我控制能力较差的孩子，总是显得做事杂乱无章，缺乏条理。同时，自制力较差的孩子易情绪化。

【错误成因】

孩子自我控制能力差，与以下因素有关：

（1）教养方式不当。现代，大多数的家庭只有一个孩子，家长们都想给孩子最好的，不管什么要求都会拼命满足。因为来得容易，所以孩子看什么要什么，不懂得控制自己的情绪和欲望。

（2）儿童心理学专家认为，孩子自制能力较弱，特别是情绪的自制能力较弱，与其神经系统发育不成熟有关。

（3）个性原因。如有些孩子天性活泼好动。这类孩子易受外界干扰。通常，男孩子比女孩子更容易受干扰，这或许是因为女孩子个性比较胆小内向，能"坐得住"，男孩子比较外向，且易冲动。

（4）现代社会诱惑多。如果家长平时不严格要求孩子，孩子要什么给什么，就易让孩子养成随心所欲的习惯，也同样影响孩子的自制力。

【解决方案】

孩子自我控制能力差，父母一定要积极地引导：

（1）如果发现孩子自我控制能力差，爱生气，父母可让孩子在愤怒时默数"1、2、3…"或默念"我不发火，我能管住自己"。因为积极的自我暗示，易让孩子稳定情绪，从而避免冲动行为。

（2）当孩子因父母拒绝他的要求而难过或发火时，父母可蹲下身温和地引导他："我知道你很难过，你可以找些使自己开心的事情来做。你现在愿意出去玩还是看电视?"在挑选其一的过程中，孩子既感到亲情的温暖，注意力也得到了转移。

（3）父母让孩子关上电脑时，孩子如果每次都哭闹，那么索性提前十分钟告诉孩子，"再过十分钟把电脑关上!"过了五分钟，再次提醒孩子"再过五分钟就关上!"因为这样就可让孩子有心理准备，避免父母突然让他关电脑而发火。

（4）看书或写作业前，要让孩子先喝水和上厕所，做好准备工作，因为这样就可让孩子专心地看书或写作业。

（5）不要让孩子长时间做一件事，因为孩子的注意力难以长时间集中，如，让孩子做作业不要超过30分钟。此外，中间可以让孩子休息一会，或吃块点心，听听歌曲，玩会小玩具。以此来作为孩子完成一项阶段性任务的奖励，给他一个

"一会还要接着做"的暗示。

（6）孩子要玩具或零食，可以说，下个星期再买吧，或者以凑足10朵小红花为条件。这样做可以延迟他的满足感，让他学会调整自己的情绪并有所期待，加强他的自控能力。

【误区警示】

孩子自我控制能力差，父母不

可这样引导：

☆当孩子想做一件事时，如，玩积木时，父母总是随意打断他，如进房间拿东西、大声说笑。这是一种错误的做法，易让孩子分散注意力，不利于自控力的培养。

☆孩子写作业时，书桌上摆放玩具或零食。这种做法不可取。因为这样做会让他分心，影响自制力。

厌 学

【释义】

在学习的过程中，孩子因对学习或学校缺少兴趣，或精神压力大而引发的不良情绪反应或行为，如厌倦学习、不爱去学校、一提上学就头痛、上学总迟到等。

从心理学角度分析，这是一种逃避性心理。这种情形大多由耐挫力差所致，在6岁孩子身上非常常见。

【典型表现】

这种行为只发生于孩子在学习上或在学校遇到挫折时，如，早晨起床不爱去学校，或每到周末或假期结束，都会焦虑不安，反复问家长：明天上学不？并哀求父母或反复"耍赖"不上学。若被强制上学，上课注意力不集中，作业不能完成，盼着早放学。回到家里，有时也因压抑感，在家爱发脾气或受一点委屈就大哭。

【多发情形】

这种行为多发于胆小拘谨、比较敏感又行为退缩的孩子身上，常表现为在学校犯错误，一受到老师批评就不爱上学。

也有孩子会在学习上遇到困难后，表现为不爱去学校，或父母一提让孩子上学就装病。

如果孩子刚上小学一年级，而老师给布置作业太多，孩子压力大，也易产生厌学情绪。

【错误成因】

孩子厌学，其原因比较复杂，

具体分析如下：

（1）个性原因。任性、以自我为中心、不善交友、固执等孩子更加容易厌学。这样的孩子耐挫力差，如果上小学一年级后，遇到挫折，如，成绩不理想、老师严厉或者跟小朋友闹别扭等，就会产生厌学情绪。

（2）环境变化。不适应环境是导致孩子厌学的主要原因，比如孩子上小学一年级，要离开原来的幼儿园环境，到一个新的学习环境，受限制多，不如在幼儿园自由，这让孩子很不适应，并由此产生厌学心理。

（3）孩子上小学一年级后，本来功课就比原来多，但一些父母为了让孩子赢在起跑线上，给孩子报各种兴趣班，如6岁的孩子每周要上五种兴趣班，这样孩子就会因学习压力大而厌学。

（4）还有的孩子因为缺乏自理能力或发育迟缓等一些原因，在学习或生活方面遇到一些困难，受到小朋友的嘲笑或排斥，心理压力大，导致厌学情绪。

【解决方案】

孩子厌学，父母可采取如下方法，让孩子远离厌学情绪：

（1）在孩子上小学前，父母要先带孩子去学校看看，让孩子适应一下新的学习环境，认识一下新老师。因为这样就可以避免孩子因不适应环境而厌学。

（2）放学回家后，父母要先与孩子聊天，问一下新学校的情况怎么样。如果孩子与同学闹别扭或被老师批评了，要告诉孩子"没关系，以前妈妈上小学时也这样！"这样，就能避免孩子因与同学闹别扭或被老师批评，而不想上学的情形出现。

（3）给孩子买一个小闹钟，第一天，让他把作业像考试一样写完，比如，用了二十分钟，那么以后就定二十分钟闹铃。如果按时完成，可以看电视或自由支配时间。这样做可激发孩子的学习兴趣。

【误区警示】

孩子厌学，父母不能这样对孩子：

☆当孩子害怕去学校时，打骂或体罚。因为这样会让孩子产生对抗心理，从而更不想上学。

☆孩子一说不想上学，就骂孩子"笨蛋，你真没有出息"。因为这样骂容易伤害孩子的自尊心。

不承认错误

【释义】

孩子在做了错事后，因怕父母批评或逃避处罚而引发的一种行为。

从儿童成长特点来看，6岁孩子对是非的辨别能力较差，做错事是难免的。在做了错事之后，孩子为了逃避惩罚，或者父母的批评，很有可能推卸责任，不承认错误。此时，孩子不承认错误的行为带有主观故意性。但并不能因此认定孩子开始有意撒谎。

这种行为在6岁孩子身上比较多发。

【典型表现】

6岁孩子已经能够预知父母对自己所犯错误的态度，比如打破玻璃，一定会被父母训斥。孩子因为有所预知，所以在不小心打破玻璃后，往往采取不承认、抵赖的态度，以此逃避惩罚。

【多发情形】

这种行为多发生于父母教养方式不当的孩子身上。如，平时孩子一犯错父母就打孩子，孩子通常在犯错后，会不承认错误。

有的孩子以前做了错事，在认错后依然受到父母的打骂和惩罚。下一次再犯错误，孩子就会壮着胆子不承认自己的错误。

【错误成因】

孩子不承认错误，多与以下因素有关：

（1）没有树立正确的对错观。从心理学角度来看，6岁孩子做错了事不承认错误，在于他们的思维方式与成人不同。他们遇事不会从多角度考虑，认为好孩子就不能做坏事，做了坏事就不再是好孩子。如果承认错误，就等于自己是一个坏孩子了。

（2）父母教养方式有问题。如，父母对孩子期待过高，过于苛求孩子，孩子无意中的一些过失或根本就没有做错，也动不动就让孩子承认，孩子自然是不知所措。

（3）个性原因。通常，性格倔犟、固执的孩子比性格温顺、胆小的孩子更难承认错误。如果在一起做错了事，那个性格温顺的孩子会很容易承认错误，赢得原谅。而另一个则大声地为自己辩解，甚至撒谎，常常再次被家长惩罚。

（4）生活中，一些父母犯了错，也不认错，这易让孩子负面模仿。如果孩子从来没听家长说过"对不起"，那自己犯了错误也不主动承认，甚至推卸到底。

【解决方案】

孩子不承认错误，父母可尝试用以下小妙方应对：

（1）当孩子出现轻微过失时，父母不要急于训斥。比如穿鞋子不分左右，或因为新奇，把玩具拆开。可温和地提醒宝宝："你这么做好吗？"这样说就等于暗示宝宝做了错事。

（2）孩子把别的小朋友的玩具弄坏了，家长可以温和地问孩子："去跟小朋友说对不起，用不用妈妈陪你去？"这样不但能够让孩子明白做错事要承担责任，还能表达家长的态度：我没有怪你，而且愿意帮助你去弥补过错。

（3）批评孩子时，先要表扬孩子的优点，然后再说缺点。如，"你是个好孩子，只是不说实话不好"。批评后还要拥抱孩子，表达父母对孩子的爱并不因为他做了错事就会减少。孩子也会因此而愿意接受批评，乐于承认错误。

（4）不要经常用"做错事不是好孩子"来教育孩子。这样的教育方法很有可能导致孩子最终不敢承认错误。教育孩子一定要就事论事，如孩子自己整理好房间，家长可表扬孩子真能干。

【误区警示】

孩子不承认错误，父母不可这样做：

☆一些父母常吓唬犯错的孩子说："明天我到学校去告诉你的老师。"这种做法不利于孩子承认错误，因为吓唬孩子会使孩子对父母产生不信任感。

☆不允许孩子解释，强迫孩子一定要承认错误。因为这样易让孩子深感委屈，不仅于事无补，还有可能引发各种心理问题。

惹是生非

【释义】

惹是生非是指孩子在与同伴相处时，招惹是非，引起争端。从心理学角度分析，这是儿童"冲突型"心理的一种表现。

父母过分溺爱会造成孩子任性、霸道的行事风格，在与小朋友交往中意见有分歧时，孩子往往不会恰当地表达自己的想法与意见，而更多地表现为对同伴的打骂等行为。这种行为在6岁孩子身上非常多见。

【典型表现】

这种行为多发生在与同伴相处时。如，孩子常因为一些小事和同伴发生冲突，并习惯使用暴力手段来解决问题。

尤其在孩子感到急躁、紧张等情况时，这种"冲突型"行为更加多发。如孩子在刚上小学，还不适应小学生活时，常因为内心的紧张而表现为行动上的暴力性。

【多发情形】

这种行为多发生于孩子有不良情绪时，或发生在性格比较霸道的孩子身上。如，有的孩子喜欢对着别人大喊大叫，有的喜欢挡住小朋友的去路，有的故意抢走别人的零食、把别人的鞋子扔进垃圾桶、用鞭炮吓唬别人等。

孩子这种"冲突型"心理，会在5~7岁达到一个顶峰。8岁以后，孩子会慢慢懂事，"冲突型"的表现会慢慢变少。

【错误成因】

孩子为何会有"冲突型"心理呢？与以下因素有关：

（1）负面环境效应。如，父母之间经常吵架、父母和爷爷奶奶之间关系不好、父母离异、和邻里关系很僵等，都会给孩子带来不利的影响，甚至让孩子负面模仿。

（2）父母教养方式有问题。如，父母爱用打骂的方式教育孩子，孩子做错事就打两巴掌、骂几句让他"长记性"。孩子挨打以后容易产生抵触情绪，这种情绪一旦"转嫁"到别人身上，就变成拿别的孩子出气。在他人眼中，孩子就爱惹是生非。

（3）不安全感的困扰。

孩子惹是生非，有时是因为他心中有不安全感，如害怕小朋友抢走自己的玩具、害怕老师责骂自己等。遗憾的是很多父母并没有意识到这一点，在孩子惹事后，一味地责骂孩子惹是生非，这反而加重了孩子内心的不安全感，使得冲突变得更加严重，形成了一个恶性循环。

【解决方案】

孩子爱惹是生非，父母可用以下方法正确地引导孩子：

（1）当两个孩子发生争吵或打架时，父母可先让两个孩子分开，并保持一定的距离，然后让争执的双方各陈述一下理由，再根据情况耐心地和他们讲清道理，并尽量做到让孩子向对方道歉，然后握手言好。

（2）在孩子与小朋友打架后，父母应该引导孩子进行思考：这件事情我错在什么地方、对在什么地方、下一次应该怎么做比较好等。在和孩子说这些事情的时候，一定要用温和的方式进行。因为这样才有利于稳定孩子的不良情绪，并能培养、提高孩子独立解决问题的能力。

（3）当孩子因为和小朋友产生冲突而情绪不佳的时候，父母应该引导孩子把这种情绪发泄出来。如，带孩子去跑步、打球等，这样就可避免孩子因心中有不良情绪，再在短时间内惹是生非。

（4）平时父母可教给孩子稳定情绪的一些技巧，如在生气或冲动时，大声唱歌，或背诵一首诗，或者慢慢地进行深呼吸。因为这些方法能帮助孩子慢慢稳定情绪，并平静下来。

【误区警示】

孩子爱惹是生非，父母千万不要这样做：

☆烦恼不堪。这种烦恼是没必

要的，因为孩子之间发生冲突很快就会过去的，而且争斗是孩子交往中不可避免的现象。

☆命令孩子在家待着，少出去。这种做法是错误的。因为群体环境和集体活动，最有利于培养孩子的合作精神，并在合作中让孩子养成理解和宽容，同时，孩子也会在无形中加强自我约束力和情绪控制力。